“普通の人”でも
株で1億円!

エナフン流
VE《バリューエンジニアリング》投資法

人気ブログ
「エナフンさんの梨の木」筆者
会社員投資家

奥山月仁

日経BP

はじめに

2020年5月、私は未曽有の緊急事態の中で、この本を書いている。新型コロナウイルスの脅威は全世界に拡大し、国難を超えた大災厄として、地球難、世界難とも言われている。経済はリーマン・ショックを超える危機的状況であり、旅行関連株やイベント関連株は直撃をくらい、自動車や不動産、建設といった景気動向によって売上や利益が大きく増減する業種も極めて厳しい状況にある。

「きっと、あなたもずいぶん株で損をされたのでしょう?」とご心配の方もいらっしゃるかもしれないが、幸い、3月にはずいぶんダメージをくらったものの、4月にはそのほとんどを取り返し、5月には、むしろ、このビッグチャンスをどう活かしてやろうか?と、前向きに株式投資にいそしんでいる(この本の原稿を書き上げた6月中旬時点の状況は「あとがき」に)。

医療従事者をはじめ物流やインフラ関係者など多くの方々が、命の危険にさらされながらも社会を守ってくださっている。一方で急に仕事がなくなり、先行きが不安で夜も眠れない方々もたくさんいらっしゃるだろう。1日も早くこの事態が収束し、日常を取り戻せる日が来ることを心より願っている。

「こんな状況で、株式投資とはのんきですね？」。そんなご批判を受けそうだが、結局のところ、私にはこれしかない。どこまで皆さんに喜んでもらえるか疑問も残るが、それでも株の本を書きたいと思う。

私は長年会社員をしながら株式投資を続け、「プロでなくても株で勝つ方法」を研鑽し続けてきた。多くの個人投資家にとって、プロのテクニックを学ぶより、私のような素人でありながら株で勝つ方法を習得した個人投資家の手法を学ぶほうが有意義だろうという思いで「エナフンさんの梨の木」というブログを続けている。だが、さすがに二足のわらじは時間的な制約が大きく、落ち着いて本を書くことができない。忙しさのあまり、最近はブログの更新も滞り始めていた。そんな私にとって、緊急事態宣言は、自分の考えをゆっくりまとめる大チャンスなのである。

前作『〝普通の人〟だから勝てる エナフン流株式投資術』（日経ＢＰ）は、「個別株への長期投資法について、全体像を知ってもらおう」という趣旨でまとめた。しかしながら、初心者の方にも理解しやすいようにわかりやすくまとめることができたとは自負しているものの、わかりやすさを優先したために、深さという点でちょっと書き足りなかったと感じている。特にバリューエンジニアリング（VE）を応用した投資アイデアについては、ごく簡単な紹介程度にとどまり、その奥深さを伝えるには至っていない。

バリューエンジニアリングとは、「より優れた製品をより安く作る方法」の研究から発展したビジネスの手法である。私は仕事で出会ったこの手法が株式投資にも応用できると直感し、独自にその体系化を進めてきた。

バリューエンジニアリングでは、「価値」という概念を体系的に分析することに加えて、インプットである「情報」という概念を厳密に扱う。この2つは株式投資において最も重要な要素であり、その応用範囲は広い。機会があれば、体系的にまとめて本にしたいと思っていた。

そこで、今こそチャンスと、再び、いつもお世話になっている『日経マネー』の中野目純一副編集長に相談し、出版に至った次第である。

良いこともあれば悪いこともある。確かに新型コロナウイルスは人類をこれまでにないピンチに陥れた。しかし、悪いことばかりではない。

子供の頃、『愛少女ポリアンナ物語』というアニメを見ていた。主人公ポリアンナは幼いながらも次々と不幸に襲われるのだが、できないことを嘆くのではなく、「よかった」を探し続け、前向きに生きる大切さを教えてくれた。その姿に、強い感銘を受け、自分もそうなりたいと思ったものだ。

そんな楽観主義が板についてきたのか、私にとって、新型コロナウイルスはむしろ良いことのほうが多い。家の中で運動不足にならないように始めた「やせ筋トレ」にすっかりはまり、何度やってもうまくいかなかったダイエットについに成功した。なかなか時間が取れなかった家族ともゆっくり対話することができ、娘の考えを知ることもできた。テレワークも慣れてくると、オフィスに出勤していた頃よりもウェブミーティングで部下たちと密にコミュニケーションがとれるようになり、仕事はむしろはかどっている。そして、こうして以前から書きたいと思っていた株の本を書く時間もできたのである。

明けない夜はない。日はまた昇る。新型コロナウイルスをピンチのままに終わらせるのではなく、この機会をチャンスに変え、今後の人生を豊かなものにする一助にしていただければ、幸いである。

目次

第2章 VE投資の考え方

「先行きかなり明るいが自信なし」は少額だけ買う
基準より50％割安で買いたい
急成長が期待できる場合はＰＥＧレシオ
現実の成長企業は？
予想に最善を尽くし、株の世界をわかっている人になる

第3章 ＶＥ投資の手順 コロナショック時の実践例

【会社四季報を活用する】
ＶＥ投資一覧表をつくる

【トップダウン・アプローチでの銘柄入れ替え】
1次選考 キーワード候補を探す
2次選考 投資ストーリーを組み立てる
投資決行 決算を何期分も読み込んで決断

【投資ストーリーを作り上げる】
一時的な現象か？ 持続的な変化か？
ストーリーをノートに書き残す

第4章

ＶＥ投資の5原則

131

原則1 2倍高以上を狙える株のみを買う

原則2 3〜5年の長期保有

足元の小さなアップダウンではなく、遠くの山を見る

こんなイメージで1億円を目指そう

目標は手に届くか届かないくらいがちょうどいい

原則3 5〜10銘柄に集中投資する

資金が少ないうちは分散を諦めて集中を優先

原則4 先の明るい企業にだけ投資する

混乱期にはＶＥ投資一覧表を考え直す

原則5 ボーナスポイントになりそうな材料を探す

短期トレーダーが囃すテーマは消えていく

第5章 VE投資の成功と失敗

実践で得たノウハウと教訓

［幸運の女神を受け入れるための7つのポイント］

第1章

主な投資法とその問題点

一般的なバリュー投資

本書の題名になっているバリューエンジニアリング投資法を説明する前に、まずバリュー投資について説明したい。一言で説明すると、バリュー投資とは、企業が本来持っている本質的価値と比べて、株価が割安な時にその株を買い、本質的価値と比べて株価が妥当か、あるいは上回れば、売り抜ける投資法といえる。

株で儲ける方法は、安く買って、高く売る。これに尽きる。この「安く買う」部分に重きを置いた投資法と言えるだろう。

では、どうやって、本質的な価値を算定し、それと比べて割安さを判定するのか？ まずは一般的なやり方を説明したい。

もっとも、先に断っておくが、このやり方ではうまくない。だからバリューエンジニアリング投資の出番があるわけだが、バリューエンジニアリング投資もバリュー投資の変形に過ぎないため、まずは一般的なバリュー投資を理解する必要がある。

ＰＥＲに始まりＰＥＲに終わる

株価の妥当性をはかる物差しとして、最もよく使われる指標がＰＥＲ（株価収益率）である。株式投資を実践している方なら、既に理解されていることだろう。念のため、簡単に説明すると、株価が1株当たり当期純利益（ＥＰＳ）の何倍に当たるかを表す指標である。

ＰＥＲ＝株価÷１株当たり当期純利益（ＥＰＳ）

例えばトヨタ自動車の２０１８年３月期のＥＰＳは８４２円だった。これに対し、同社の２０１９年１月４日終値は６３４６円だった。

ＰＥＲ＝６３４６円÷８４２円＝７・53倍ということになる。

この数字が30倍とか１００倍とか大きければ大きいほど割高であり、８倍とか５

倍とか小さければ小さいほど割安と言われている。

なお、ＰＥＲの意味合いとしては、「株式時価総額が当期純利益の何倍にあたるか」を示す指標とも言える。前述したＰＥＲ計算式の株価、ＥＰＳにそれぞれ発行済株数を掛けると、株式時価総額、当期純利益になり、計算結果は同じ数値になる。

以前、まったくの初心者を相手に株式投資の勉強会をしたことがある。せっかくの機会なので、ＰＥＲのようなネットか入門書でいくらでも調べられる基礎知識の説明はほどほどに、有望株の見つけ方をお話ししようとしたところ、ほとんどの受講者がこのＰＥＲで引っかかった。

「すみません。ＰＥＲの計算の仕方がわからないんですけど…」

しまった。事前にＰＥＲの意味だけは予習してくるよう宿題を出しておけばよかった…。などと思っても後の祭り。しかし、これを本気で説明しだすとそれだけで10分はかかってしまう。そこで私はこう言い放った。

「心配ご無用。長年、いろんな投資家を見てきましたが、いつまで経ってもＰＥＲの意味を理解できなかった人は１人もいません。株をやる人＝ＰＥＲの意味を知っている人です。ハンドルの意味がわからずに車の運転をする人がいないように、Ｐ

図表1-1　PER（Price Earnings Ratio、株価収益率）

株価が1株当たり当期純利益（EPS）の何倍に当たるかを表す指標

PER＝株価÷1株当たり当期純利益（EPS）

例えばトヨタ自動車の2018年3月期のEPSは842円だった。これに対し、同社の2019年1月4日終値は6346円だった。この時点でのトヨタ自動車のPERは、6346円÷842円＝7.53倍ということになる。

この数字が30倍とか100倍とか大きければ大きいほど割高であり、8倍とか5倍とか小さければ小さいほど割安と言われている。

ERの意味を知らずに株をやる人はいません。やりだしたら絶対にわかりますから、気にせず、今日はそんなもんだと思って聞いてください」

とは言ったものの、実はこのPERを使いこなせるかどうかが、バリュー投資における最も重要なポイントの1つと言える。PERに始まり、PERに終わるといっても過言ではない。そこで、ここではやや詳しく説明し、正確な理解をしてもらいたい。

話をトヨタ自動車に戻すが、2019年1月4日、東証1部に上場するすべての企業のPER平均（単純平均）は15・4倍だった。これに対して、前述の通りトヨタ自動車のPERは7・53倍だった。日本を代表するトヨタが平均をはるかに下回り、半値近い評価なんてどう考えてもおかしい。もっと高い値段がつくべきだ。だからこの株を買う。こんな発想がバリュー投資の基本となる。

もし、あなたが同じ日にトヨタ株を買い、その年の年末終値7714円で売ることができれば、21・5％の儲けである。バリュー投資の成功パターンといえよう。

図表1-2　トヨタ自動車の株価推移

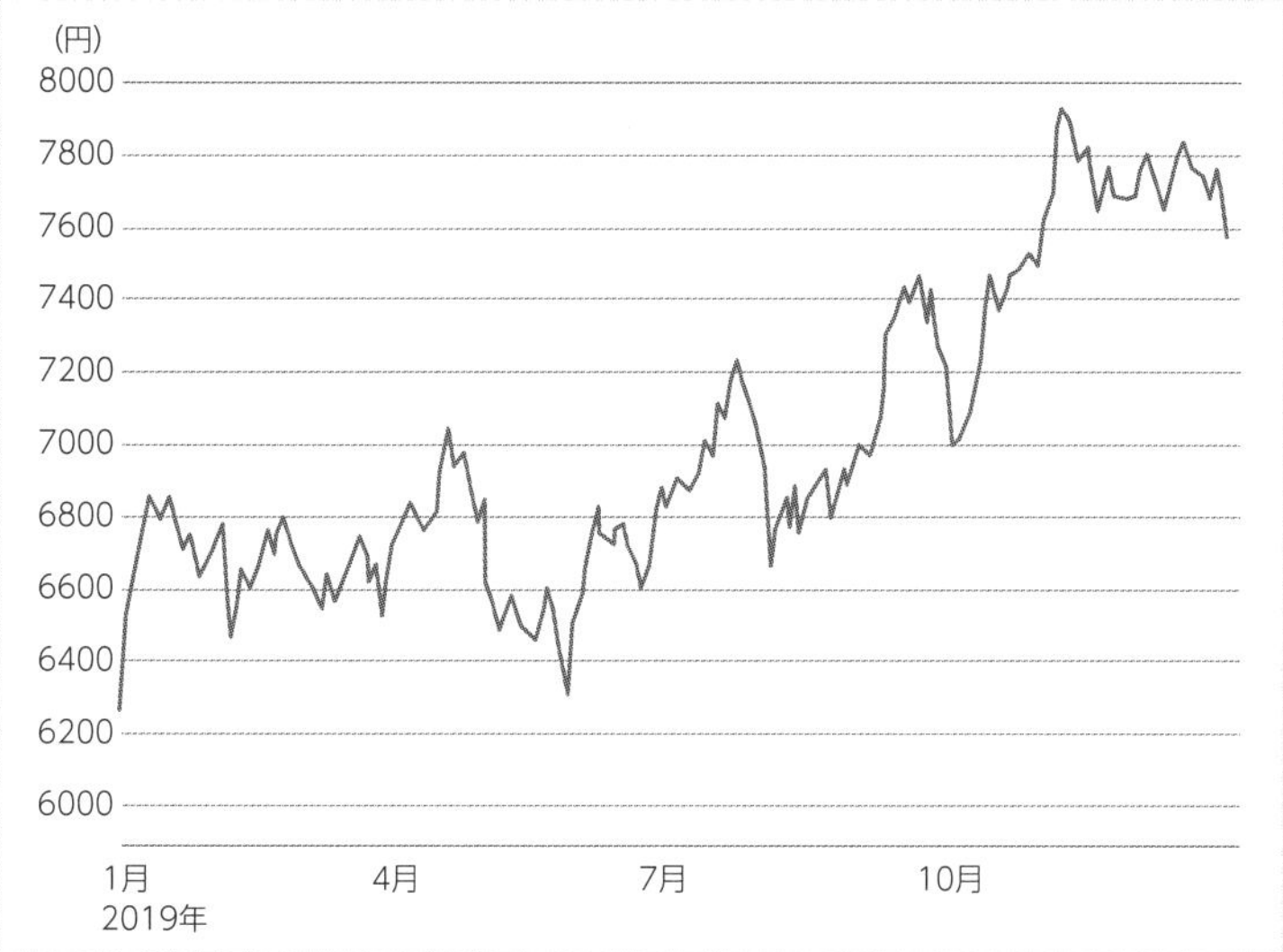

2019年1月4日、東証1部に上場するすべての企業のPER平均（単純平均）は15.4倍だった。これに対してトヨタ自動車のPERは7.53倍だった。「トヨタが平均をはるかに下回るなんておかしい。もっと高い値段がつくべきだ」。こんな発想がバリュー投資の基本となる。もし、あなたが同じ日にトヨタ株を買い、その年の年末終値7714円で売ることができれば、21.5％の儲けである。バリュー投資の成功パターンといえよう。

PERの種類と特徴を理解する

さて、PERを正確に理解するためには、少々ややこしい話をしなければならない。実はPERは大きく分けて2種類ある。

1つは、株価を直前の決算期に稼ぎ出した1株当たり当期純利益の実績値（実績EPS）で割って求めるもの。これを実績PERと言う。もう1つは、その会社が現在進行中の決算期（今期）に稼ぎ出すと予想される1株当たり当期純利益（予想EPS）で割って求めるもの。これを予想PERと言う。

我々株式投資家は常に、過去よりも、未来を見ながら、妥当な株価の算定に明け暮れている。そのため株価が割安かどうかの判定によく使われるのは予想PERである。

予想？ いったい誰が？

実は、その予想者によって、予想PERはさらに大きく3つに分類できる。まとめると、以下の通りである。

実績ＰＥＲ：直近決算の実績ＥＰＳをもとに計算

予想ＰＥＲ：現在や将来の決算期に稼ぎ出す予想ＥＰＳをもとに計算。予想者によって以下に分類される

①会社予想ＰＥＲ　：その会社の今期決算の予想ＥＰＳをもとに計算

②専門家予想ＰＥＲ：証券アナリストなどの専門家が予想したＥＰＳをもとに計算

③あなた予想ＰＥＲ：あなたが予想したＥＰＳをもとに計算

まず、①会社予想ＰＥＲだが、これは上場企業の大半が、決算発表時やその前後に、今期の売上や利益などの予想値を開示する。その会社予想ＥＰＳを根拠に算出するＰＥＲである。

再度トヨタ自動車を例に説明しよう。トヨタ自動車は２０１８年５月９日に２０１８年３月期の決算発表を実施した。その際、２０１９年３月期のＥＰＳを７２３・39円と予想している。この会社を最もよく知る経営陣が自ら予想した数字

である。非常に信頼性が高い。多くの投資家はこの数字を当てにして投資を進める。ヤフーファイナンスや証券会社のサイトなど、株価データを調べる際に、単に予想PERとして数字が書かれていたら、大抵の場合、この会社予想EPSを根拠に算出された会社予想PERを指す。

もっとも、会社予想EPSの的中率が高いか？と言われると、正直のところ、そうともいえない。

理由は少なくとも2つある。1つには、その会社の経営陣が株主などのステークホルダーに忖度して、控えめ、あるいは強気の数字を出すというバイアスがかかるから。もう1つには、そもそも経営陣ですら自社の1年後の業績を予想するのは非常に難しいから。

トヨタ自動車も2018年5月9日時点の予想EPSはその半年後に見直され、10％近く上方修正した。そのため2019年1月4日時点のそれは793・21円となっている。トヨタ自動車ほどの透明性の高い経営をしている会社が予想数字を意図的に上下させることは考えにくいので、純粋に予想が外れたといえよう。

先ほど、トヨタ自動車の実績PERを7・53倍と算出したが、この修正された予

図表1-3　PERの分類

実績PER：

直前期の実績EPSをもとに計算

予想PER：

今後の決算期の予想EPSをもとに計算。予想者によって以下に分類される

①会社予想PER：その会社の今期予想EPSをもとに計算
②専門家予想PER：専門家が予想したEPSをもとに計算
③あなた予想PER：あなたが予想したEPSをもとに計算

想EPSを根拠に予想PERを計算すると、6346円÷793・21円＝8・00倍となる。予想EPSは上方修正されたものの、それでも減益が予想されていたので、実績PER7・53倍と比べると、予想PERは高くなり、つまり割安感が減少した。

アナリストの数字も疑ってかかる

次に、②専門家予想PERだが、これは証券会社や資産運用会社などのアナリストが当該企業の忖度バイアスなどを修正し、日々変動する為替や景気などをリアルタイムに反映することで、より現実に即して予想したPERである。

大抵の場合、会社予想PERよりも専門家予想PERのほうが精度は高いだろう。ただし、この数字も次のような理由から注意が必要である。

専門家は専門家でその立場上のバイアスがかかる。まず、アナリストと呼ばれる専門家の多くは銀行や証券会社といった金融グループに所属している。そのため、グループ会社の意向を忖度せざるを得ない。証券会社である親会社が株式市場を盛り上げようと尽力している最中に、ネガティブなレポートは出しにくいだろう。また、親会社の重要な取引先や保有株についても同様の忖度が必要となる事情が存在する。

もう1つの注意点は、アナリストの本気度や力量に数字が左右される点にある。専門家集団といっても、４００社近い国内上場企業のすべてを全力で分析するのはコストがかかりすぎる。投資信託の中には時価総額の小さすぎる企業の株は買わない方針を打ち出しているケースも多い。そういう企業の株をわざわざ調べてレポートを公表する動機は薄い。

結局のところ、プロの予想だからといってその数字を鵜呑みにするわけにはいかないし、そもそもプロからまともに評価してもらえない企業も存在する。

あなた自身でPERを予想する

そこで、③あなた予想ＰＥＲの出番である。プロが相手にしないような、あるいは、いかにも忖度バイアスがかかっていそうな小型株や不人気株の中から、堅実で成長性の高い企業を探し出し、あなたならではの予想のもとに、今年度と言わず、来年度、再来年度までの業績を予想し直し、そのＥＰＳを根拠にＰＥＲをはじき出すのである。その数字が平均と比べて著しく割安な場合に投資を実行する。これが本来のバリュー投資である。

「でも、株式投資のズブの素人である私にそんなことができるだろうか？」

そう心配になる方もいらっしゃるだろう。これについては、「難易度は中級だが、リターンは想像以上に大きい」というのが私の率直な感想である。時々、広告か何かで「誰でも勝てる投資法」とか「簡単に大儲けできる投資術」といったキャッチフレーズを見かけることがあるが、残念ながら、バリュー投資はそういう類いのものではない。

しかし、よく考えてほしい。本当に誰でも簡単にできるような何かで、大儲けできることなどあり得るだろうか？　仮にそんなものがあれば、日本国中、大金持ちだらけになりそうなものだが、そうはなっていない。「簡単」とか、「誰でもできる」とかといった言葉に騙されてはいけない。株式投資は少々は難しいものだし、誰でも大儲けできるわけでもない前提で付き合っていただきたい。

主な投資法と難易度

私の感覚で恐縮だが、主な投資法について図表1－4にまとめてみた。バリュー投資の理解を深めるためにも、投資法の全体像を理解しておくとよいだろう。簡単に説明したい。

最初に断っておくが、多くの凄腕投資家は、純粋にモメンタムやグロースなど、1つの投資法だけを実践しているわけではない。資産の半分をグロース投資に振り向けながら、残りをインデックス投資で運用するなど、リスクとリターンのバランスをうまくとっている。かくいう私も、グロース投資とバリュー投資を組み合わせた投資法を得意としている。今回ご紹介するVE投資は、バリュー投資に主軸を置くものの、グロース投資の考えを取り入れることで、リスクを抑えながら、リターンを大きくすることを狙っている。

モメンタム投資：実力がないと餌食になる

モメンタム投資は、特定の銘柄の値動きやモメンタム（勢い）を分析し、買いが優勢で株価が上昇していれば、その流れに便乗して買い、買いの勢いが弱まれば、素早く売ることにより、利益を積み上げていく投資スタイルである。パソコン画面に張り付き、値動きや出来高の変化に素早く反応して勝負する短期トレーダーの多くはモメンタム投資家と言える。実はこの投資スタイルは（いや投機スタイルと言ったほうが適切だろうが）理屈は至って単純である。そのため、初心者投資家の多くは、うっかり最初にここを目指してしまう。

画面で値動きを見ていて、上がりそうになったら買い。下がりそうになったら売り。それを繰り返すだけに過ぎない。勝つこともあるし、負けることもあるので、退屈しない。信用取引によって証券会社から借金をして取引の規模を膨らませれば（レバレッジをかければ）、買った時のリターンも大きくなるので、あなたの脳内はドーパミンとアドレナリンに満たされることだろう。凄腕トレーダーは、豊富な経験から「こういうパターンが重なれば上がる」「こういうパターンの時は下がる」と

図表1-4　主な投資法のリターンとリスク

難易度	投資法	リターン	リスク
上級	モメンタム投資	5	5
	グロース投資	4	3
中級	バリューエンジニアリング投資	4	2
	バリュー投資	3	2
初級	インデックス投資	2	2
	定期預金・国債	1	1
詐欺級	誰でも簡単大儲け投資術	-	大

リターンとリスクの評価は5段階で、「5」が最大。

モメンタム投資は、実力あるものが勝ち残り、実力のないものはその餌食となる。

グロース投資は、本物の成長株を見つけ出すためには、相当な熟練が必要。

バリュー投資は、「バリュートラップ」など3つの課題への対処が必要。

インデックス投資は、「平均」で満足できる人に向いている。

いう経験則を蓄積しており、その様々なノウハウを駆使して勝ちを積み上げていく。
もちろん、初心者のあなたはそんな経験則もノウハウも持ち合わせていないため、ほとんどの方は、単に、時間つぶしとカネつぶしに明け暮れることになるだろう。この投資法は麻雀やカードゲームなどと同様、実力あるものが勝ち残り、実力のないものはその餌食となる。

一般的にこの手のギャンブルでは80対20の法則が適用される。上位20％が下位80％を餌食にしながら生き残るのだ。この上位20％の中には世界中のプロのノウハウや心理学を理解したＡＩ（人工知能）も含まれる。仮に不断の努力で上位20％に食い込めたとしても、その位置をキープするのは今後、ますます難しくなるだろう。情報収集力や取引スピードの点からＡＩがさらに強くなるのは目に見えている。そこで私はモメンタム投資の難易度を最上級とした。

ただ、運も含めて、勝ち残ることができた一部のトレーダーの億万長者ぶりはすさまじい。あなたも仮想通貨や人気株で大儲けした人の話を見聞きしたことがあるだろう。確かに夢はある。しかし、「周りを見渡してカモがいないのなら、誰がカモなのか明白である（それは自分だ）」というギャンブルの格言を思い出そう。私も以前はこの投資法でそれなりに勝てていたのだが、10年以上前に足を洗った。限界を感じたのである。

グロース投資：「本物」を見分ける熟練が必要

グロース投資は、日本語では成長株投資と訳される。一言でいうと、企業の長期的な業績拡大にかけた投資法である。「もし、5年後に利益が5倍になっていれば、株価も5倍になるはずだ」という投資法である。冒頭でバリュー投資を本質的価値と比べて株価が割安な時に買う投資法と説明したが、その本質的価値自体の上昇を狙う。

よく雑誌やネットで何億円もの資産を株で作った成功者が紹介されているが、短期トレードならモメンタム投資、長期投資ならグロース投資が多い。実際、企業は一度成長が始まると、業績を数倍、数十倍に高めることがある。丹念に企業のビジネスモデルや将来性を検討し、本物の成長株を手にすることができれば、あとは寝ているだけで、あなたを億万長者へと押し上げてくれる。

問題は、数ある投資対象の中から、どうやって本物の成長株を見つけ出すかだ。ここにこの投資法の最大の難しさがある。相当な熟練が必要なのだ。

ただ、既にビジネスモデルや会計の知識、世界中の様々な経済情報を収集しているビジネスパーソンにとって、やる価値はあるだろう。うまくコツを覚え、精進を続ければ、次第に安定した勝ちを手にすることができる。

私自身、モメンタム投資から足を洗って以降は、このグロース投資とバリュー投資の組み合わせで、財産を積み上げてきた。バリューエンジニアリング投資もグロース投資的側面を併せ持つ。

もちろん、この分野も今後ＡＩが台頭してくるだろう。ただ、この投資法はそれほど素早さを求めない。また、将来を想像する力を必要とする。この想像力という点においては、まだ人間はＡＩと戦えるし、素早さが必要ないのであれば、ＡＩと一緒に儲ける道も残る。

バリュー投資：割安なのに上がらない「バリュートラップ」にはまる

概要は既に説明した通りだが、バリュー投資をマスターすることができれば、リスクを抑えながら、安定したリターンを確保することができるだろう。「本質的価値に比べて割安に買う」という理想を実現することができれば、リスクをかなり下げることができる。既に下がり切った株は、もう、それ以上は下がらない、あとは上がるだけなのである。

ただ、課題が3つある。①「安く買ったは良いが、いつまで経っても上がってくれない」というバリュートラップ（割安株のワナ）にハマるパターンをどう避けるか？②「一見割安と判断して購入したものの、よくよく調べてみると、実はとんでもない問題を抱えており、割安どころか、とんでもない高い買い物になってしまった」という安物買いの銭失いをどう避けるか？また、これはグロース投資にも当てはまることなのだが、③そもそも企業の本質的価値を、いったいどうやって見抜くのか？

優れたバリュー投資家はこの3つの課題にうまく対処することで、安定したリターンを手に入れるが、グロース株同様にかなりの熟練が必要であり、そこに至る前に、多くの個人投資家が挫折してしまう。

バリューエンジニアリング投資の出番

そこでバリューエンジニアリング投資の出番である。モメンタム投資による株価の歪み（詳しくは第6章参照）を逆手に取り、グロース投資のリターンの大きさを取り入れつつ、バリュー投資の安定したリスクの低さを実現させ、しかも難易度を高めず、むしろ理解を促進する。そのためのツールと理解してもらいたい。その実践方法を第2章以降で解説していく。

インデックス投資：「平均」で満足する人のための投資信託

インデックス投資とは、一言でいえば、すべての銘柄に少しずつ投資することにより、すべての銘柄の平均的なリターンを安定的に確保する投資法といえる。「私にはそんな巨大な資産はない」と心配する必要はない。パッケージ商品（投資信託）を買えばよいのである。日経平均株価やＴＯＰＩＸといったインデックス（株価指数）に連動する値動きをするように設計された投資信託やＥＴＦ（上場投資信託）が用意されていて、ネット証券などでは1口１００円から買える。あなたには特別な知識も必要ない。コツコツと貯金でもするように投資し続ければ、平均的なリターンを着々と手にすることができる。初心者の方の最初の入り口には最適な投資法と言えるだろう。

図表1-5　バリューエンジニアリング投資法とは何か？

モメンタム投資による株価の歪みを逆手に取り、
グロース投資のリターンの大きさを取り入れつつ、
バリュー投資の安定したリスクの低さを実現させ、
しかも難易度を高めず、むしろ理解を促進する。
そのためのツールである。

唯一の課題は、平均の通りの結果に終わるということである。インデックスが下落すれば、あなたのリターンもマイナスになってしまう。インデックスが上昇したとしても、びっくりするような大儲けはできない。

「別にいいわ。億万長者になんかなれなくても。ただ、今よりもうちょっとだけ余裕がほしいだけ」という人は、この本を読む必要はない。インデックス投資を勧める他の本を買って、こいつをさっさと始めることをお勧めする。

運転免許を取るくらいの学習をしてから余裕資金を投資する

しかし、もし、平均的なリターンだけでは満足できないという思いがあるのなら、もう少し読み進めてほしい。

皆さんお気づきの通り、この世は格差社会である。豊かな家庭に育った子は、小さな頃から、私立校に通い、優れた教育を受け、偏差値の高い大学に進学する。海外留学を体験した上で、医者になったり、外資系の一流企業に就職したりして、引き続き、豊かさを引き継ぐことができる。

一方、大半の家庭はそこまで子供にカネをかけられない。優秀な生徒が通う塾や私立校は授業料が高く、通わせたくてもそのカネがない。公立中高に通わせるが、やはり私立とは差があることを痛感する。

もちろん、本当に優秀な生徒はその才能と努力で上に抜け出すチャンスをものにする。が、そんな生徒はごく一握りで、大半はスマホやゲームばかりいじって勉強をしない。ますます優秀な生徒と差がついて、医学部や一流大学なんて夢のまた夢となる。就職できる先も決して給料は高くない。下手をすると派遣やアルバイトで、その日暮らしをせざるを得なくなる。そして、そんな生活を抜け出したくて、宝くじを買う。

負の連鎖を断ち切るチャンスが、子供が自ら率先して勉学に励む可能性と宝くじだけと言うのでは、あまりに選択肢が少なく、しかも期待薄だ。もし、このご時世に、そこから抜け出す選択肢を他で探すとしたら、私は株式投資こそ最有力候補だと考える。誰でも参加できるし、難しいといっても、他で成功するのと比べるとずいぶんと簡単だ。プロのスポーツ選手や芸能人、あるいは自ら起業して成功を収める努力や犠牲、リスクと比べれば、株で成功を目指すというのは、圧倒的に現実的な選択肢と言える。

私の感覚で恐縮だが、株式投資で成功するためには、運転免許を取るくらいの体系的な学習と実践は必要だと思う。また、運転免許を取っても、普段、運転をしていないと、そのうちハンドルを握れなくなってしまうのと同様、継続して株式投資の研鑽に時間をかける必要もある。

もちろん、元手は必要となるが、別に全財産を突っ込む必要はない。大半はこれまで通り、預金や保険などで運用し、1～2割程度をお金持ちになるための戦略的な運用資金として株式に投入するのである。

もし、余裕資金が300万円あるなら、まずは、奥さんやご主人に対し、「大半の運用はこれまで通り、あなたに任せる。ただ、全体の20％、60万円だけ、私に運用させてほしい。お金持ちを目指したいんだ！」と交渉することから始めよう。それもできないようなら、まぁ、株で勝つことは不可能だ。私もここからスタートした。そして、真剣に努力を重ねて、次第に勝つ理由がわかるようになり、今がある。

やってみる価値はあると思うのだが、いかがだろうか？

第2章

VE《バリューエンジニアリング》投資の考え方

バリューエンジニアリングとは何か？

もう10年以上前の話である。私はあるミッションを背負って、子会社の企画部門に出向していた。そこには、将来が非常に有望であるものの、現段階では採算を合わせるのが難しいビジネスがあり、それを何とかモノにしろというミッションの責任者を命じられたのである。最初は何が何だかわからない中、部下とともに、その道のプロたちといろいろ実証を進めていたのだが、どうやっても普通のやり方では採算が合わない。

そこで「抜本的なコストダウン手法はないものか？」と、真剣に経営の勉強を進めたところ、バリューエンジニアリング（以下、ＶＥ）という面白い経営学の分野があることを知ったのである。

機能とコストの関係を体系的に分析

ＶＥの歴史は古く、スタートは１９４０年代中ごろにさかのぼる。当時、ＶＥの創始者であるマイルズ氏（L.D.Miles）が米ゼネラルエレクトリック（ＧＥ）の「より優れた製品をより安く作る方法」に関する研究責任者に抜擢されたことに始まる。マイルズ氏はチームと共に、機能とコストの関係を体系的に分析する手法を考案し、さらにはビジネスで実践的に活かす学問として大成させた。この優れた考えは、この方針を全面採用したＧＥに多大な成果をもたらしたが、それにとどまらず、フォード・モーターなどの米国優良企業から国防省、連邦政府調達局へと全米に広がり、さらには日本を含む全世界に普及した。

もし、あなたが、当時の私のように体系的にコストダウンを検討する立場にあったなら、ＶＥの学習を強くお勧めする。ちなみに、私が進めたその新ビジネスは、その後、幸運にも外部環境の変化の後押しもあって成功し、今では親会社の収益部門として、安定的な収益確保に貢献している。私の会社員人生においても、輝かしい勲章をもたらしてくれたのである。

株式投資との共通点

さて、私はＶＥの勉強をしながら、ＶＥと株式投資には共通点がとても多いことに気づいた。

ＶＥは、機能とコストの関係を体系的に捉えることによって、バリュー（価値）を創造する方向を示す。同じバリューという言葉を使っているのだから、バリュー投資にも応用が効くのではないか？　私はそうひらめいた。

また、ＶＥでは情報収集ということを非常に重要視している。ピントのずれた情報収集ではバリューは見つからない。この考えは株式投資にもそのまま当てはまる。

そこで本章では、ＶＥ的思考により、バリューが発生するパターンを体系的に示し、併せて、株式投資における有効情報をどう入手するか、その原理原則を明かしていきたい。

バリューの発生パターン

VEにおいては、顧客が製品を購入した際に感じる満足度をバリューとし、単純明快な式によって、定義づけている。

V（バリュー：価値）＝F（ファンクション：機能）÷C（コスト：費用）

結局のところ、私たちは何かモノが欲しいわけではなく、そのモノを通じて満足が欲しいわけである。その満足とは何か？ VEはその中心を「機能」と置き、しかしながら、機能がいくら高くてもあまりに値段が高い製品は満足度が下がるため、「費用」と比較することによって、顧客の満足すなわちバリューを高められると結論づけているのである。

図表2-1　バリューエンジニアリングの方程式

VEにおいては、顧客が製品を購入した際に感じる満足度をバリューとし、単純明快な式によって、定義づけている。

V（バリュー：価値）＝**F**（ファンクション：機能）÷**C**（コスト：費用）

私たちは何かモノが欲しいわけではなく、そのモノを通じて満足が欲しいわけである。しかし、機能がいくら高くてもあまりに値段が高い製品は満足度が下がる。

価値向上の形態

そして、そのバリューを向上させる方法は次の4パターンと説明する。

①同じ機能のものを安いコストで提供する。
②より優れた機能を果たすものを、より安いコストで提供する。
③同じコストで、より優れた機能を持ったものを提供する。
④少々コストは上がるが、さらに優れた機能を持ったものを提供する。

もっとも、近年、経営学の世界では、もう1つ顧客の満足を獲得する有効な方法があると考えられるようになった。「⑤機能を最低限に落としながらも、小型化などで使い勝手を良くし、一方で価格を極端に下げることで顧客の満足度を高める」という戦略である。いわゆる破壊的イノベーションである。米ハーバードビジネススクールの教授だったクレイトン・クリステンセンが著書『イノベーションのジレンマ』で提唱した概念だ。

図表2-2　バリューが発生するパターン

	①	②	③	④	⑤
F（機能）	→	↑	↑	↑↑	↓
C（コスト）	↓	↓	→	↑	↓↓

①同じ機能のものを安いコストで手に入れる。

②より優れた機能を果たすものを、より安いコストで手に入れる。

③同じコストで、より優れた機能を持ったものを手に入れる。

④少々コストは上がるが、さらに優れた機能を持ったものを手に入れる。

⑤機能は落ちるが、使い勝手が良いものを極端に安いコストで手に入れる。

　私自身、破壊的イノベーションで成功している企業によって、過去何度も、大化け株をとることができた。コンパクトデジカメからスマホカメラへの破壊的イノベーションで成功したソニー、オートフライヤーで職人の味を再現し、低価格のとんかつ提供に成功したアークランドサービス、徹底したデータ管理によりリサイクル品販売に革命を起こしたトレジャー・ファクトリー、などである。

ＶＥ投資の方程式

私は初めてＶＥの方程式と表を見た時、「この考え方は株式投資にそのまま使える!!」というインスピレーションを強く感じた。毎日株のことばかり考えているので、他の何かを見てもすぐ株に結びつけてしまうのである。

まず、機能の部分を「企業の本質的価値」に、コストの部分を「株価」に置き換えることで、株式投資におけるバリューすなわち投資価値を判断できるはずである。株式投資家は株価の上昇によって満足を得られる。その上昇可能性をバリューと定義づければ、次のような式が成り立つ。

Ｖ（上昇可能性）＝Ｉ（本質的価値）÷Ｐ（株価）－１（投資元本）

※本質的価値はIntrinsic ValueのＩ。株価はStock ＰriceのＰ

図表2-3　VE投資の方程式

バリューエンジニアリングの方程式の「機能」の部分を「企業の本質的価値」に、「コスト」の部分を「株価」に置き換えることで、株式投資におけるバリューすなわち投資価値を判断できるはずである。株式投資家は株価の上昇によって満足を得られる。その上昇可能性をバリューと定義づければ、次のような式が成り立つ。

V(上昇可能性)＝**I**(本質的価値)÷**P**(株価)－**1**(投資元本)

※本質的価値はIntrinsic ValueのI。株価はStock PriceのP

ある企業1株の本質的価値が1500円であるのに対し、
株価が1000円であれば、
V＝1500円÷1000円 - 1＝0.5
つまり、上昇可能性が50%あるといえる。

ある企業1株の本質的価値が1500円であるのに対し、株価が1000円であれば、V＝1500円÷1000円－1＝0・5。つまり、上昇可能性が50％あるといえる。

もし、本質的価値が1000円しかないのに、株価が2000円で推移していれば、V＝1000円÷2000円－1＝－0・5。つまり50％の下落可能性があると判断できるのである。

また、株価には連続性があるために、バリュー発生パターンの表もそのまま株式投資に応用できる。株式投資におけるバリュー発生パターンは次のようになる。

❶本質的価値は変わらないのに株価が下がった。
❷本質的価値は拡大しているのに株価が下がった。
❸本質的価値は拡大しているのに株価が上がらない。
❹本質的価値は大幅に拡大しているのに、株価の上昇が追いついていない。
❺本質的価値も下がったが、それ以上に株価が下がった。

図表2-4　VE投資一覧表

	❶	❷	❸	❹	❺
I（本質的価値）	→	↑	↑	↑ ↑	↓
P（株価）	↓	↓	→	↑	↓ ↓

❶ 本質的価値は変わらないのに株価が下がった。

❷ 本質的価値は拡大しているのに株価が下がった。

❸ 本質的価値は拡大しているのに株価が上がらない。

❹ 本質的価値は大幅に拡大しているのに、株価の上昇が追いついていない。

❺ 本質的価値も下がったが、それ以上に株価が下がった。

本質的価値とは何か？

ここまで読み進めたあなたは、「理屈はわかった。けど、ここでいう本質的価値って、いったい、どうやって求めるのか？」という疑問をお持ちのことだろう。

そこで、まずは、とても一般的な考え方を説明する。すべての上場企業の平均的な評価を本質的価値とするという考え方だ。第1章で、トヨタ自動車を例にバリュー投資の説明をしたが、あの時の考え方も同様である。誰もが妥当だと考えている価値こそが本質的価値だという発想だ。

厖大な人々の平均的な評価を本質的価値と考えること自体はそれなりに説得力がある。世界的なベストセラー『サピエンス全史』（ユヴァル・ノア・ハラリ著）は、「人々の生活を支配する『秩序』は実は想像上の存在に過ぎない。ただ、それは1人だけが想像しても成立しない。『厖大な数の人』が同じ想像を共有し、しかも、それを正しいと信じて疑わなくなった時、本質的な存在となって、秩序が形成される」といった説明をしている。

株式の本質的価値についても同じことが言えるのではなかろうか。厖大な人々がこの価格が正しいと共通して想像しているものを秩序、すなわち本質的価値と言い換えることができれば、すべての上場企業の平均的評価は、かなり説得力のある本質的価値と言えるのだ。

「しかし、その説でいけば、トヨタ自動車などの個別株についても、厖大な人々の共同主観によって、今の株価が成立し、今の秩序を形成しているわけだから、株価は本質的価値と連動するはずで、ＶＥ投資なんて絵に描いた餅じゃないか？」

もし、そんな疑問がすぐに湧くようであれば、あなたはかなり投資センスがある。その考え方も正しい。つまり、普通は、次のようになる。

・本質的価値が拡大し、株価も上昇する。
・本質的価値は変わらず、株価も動かない。
・本質的価値が縮小し、株価は下落する。

通常、株価は本質的価値を反映し続けると考えるのは極めてまっとうな考え方であり、第1章で紹介したインデックス投資家はこの考えを前提に投資をしている。

VE投資 3つのキーワード

だが、実は例外的な条件がそろうことにより、❶〜❺のようなパターンのバリューが存在し得る。私はその例外的な現象をVE投資法を使って探し続け、何度も大成功を収めた。

いったい何が決め手なのか? そのヒントも先ほどの『サピエンス全史』にある。「厖大な数の人」「秩序」そして「想像」の3つがキーワードだ。

「厖大な数の人」

確かに「厖大な数の人」が評価するトヨタのような大企業からバリューを見つけ出すのは容易ではない。プロでも難しいものを素人のあなたが見つけるなんてまず不可能だろう。しかし、売上40億円の岐阜造園についてはどうだろう? アナリストもまともに調べない。出来高は著しく小さく、売買がしにくいため、ほとんどの個人投資家も寄り付かない。そもそも「造園業」なんて調べる気も起こらない。そんな超小型株に本質的価値の評価がつくだろうか？　つまり、人々が評価するためのベースが整っていないのだ。

「秩序」

「秩序」というキーワードも重要だ。投資家が常に冷静な判断力を持ち合わせているのであれば、本質的価値と株価は一致するだろう。しかし現実はそうでもない。特に、新型コロナウイルスのような緊急事態が発生し、毎日のように日経平均株価が１０００円を超えて下がり続けたとき、投資家の間に「秩序」が残っていただろうか？　答えはノーだ。人々がパニックに陥った時、秩序は完全に崩れ、バリューが発生する。そいつを喜んで買い向かうのである。

「想像」

「想像」についても限界がある。例えば、これまでとはまったく異なる新しい何かが生まれた時、人々の想像をはるかに超えて、企業が成長することがある。あなたは初めてアマゾンを見た時、ただの本屋だとは思わなかっただろうか？　初めてグーグルで検索をした時、「ヤフーと何が違うんだ？」とは思わなかっただろうか？

新しい変化はチャンスである。人々の平均的な想像力では、まだその企業の潜在的なすごさに気づかない。感性を磨き、ビジネスを分析する力を養うことで、平均以上に先を見通す力を手に入れることができれば、優れた投資家として、勝ち続けることができるだろう。

「素人のわたしが平均以上の想像力を獲得するなんて、絶対無理！」。そう感じる方もいるかもしれない。しかし、幸いにも新しい変化を真っ先に取り込むのは、多くの場合、チャレンジ精神旺盛な小さな会社の経営者である。これらの取り組みはとてもリスキーに見えるし、そもそも、秩序と呼べるほどの厖大な人々の評価も反映されない。素晴らしい成長性を秘めた企業に限って、驚くほど株価が割安というおかしな現象が起こり得る。手順さえ間違わなければ、そういう小型株を意外なほど簡単に見つけられるだろう。

図表2-5　VE投資の3つのキーワード

「厖大な数の人」

「厖大な数の人」が評価するトヨタのような大企業からバリューを見つけ出すのは容易ではない。しかし、アナリストもまともに調べない小型株は、人々が評価するためのベースが整っていないため、本質的価値の評価と実際の株価に乖離が生じる。

「秩序」

人々がパニックに陥った時、秩序は完全に崩れ、バリューが発生する。そいつを喜んで買い向かう。

「想像」

新しい変化を真っ先に取り込むのは、多くの場合、チャレンジ精神旺盛な小型株の経営者である。これらの取り組みはリスキーに見えるし、秩序と呼べるほどの厖大な人々の評価も反映されない。素晴らしい成長性を秘めた企業に限って、驚くほど割安な株価などというおかしな現象が起こり得る。手順さえ間違わなければ、意外なほど簡単に見つけられる。

つまり、小型株を買い向かう、パニックを買い向かう、平均以上の想像力を獲得する、という3つの戦略で投資候補を探すのである。

ただ、候補株を探し出すことができたとしても、それを実行に移すのはかなり難しい。いざ、まさにそういう素晴らしい株を発見できたとしても、足がすくむし、本当にそれがお宝株なのか、自信も確信も得られない。恐怖と不安で逡巡しているうちに、あっという間に株価が上昇してしまう。もしくは、パニックの真っ最中に確かに超有望株を見つけられたが、自分もそのパニックに巻き込まれて大損しているため、もう買う力が残っていない。そういう悲しい体験を思い出す個人投資家は多いはずだ。

そこで、理論だけでなく、実践的なVE投資の手法についても詳しく説明したい。ただ、その前にもう少し、本質的価値の理解を深めてほしい。

本質的価値の算定方法

本質的価値を算定するには、まず、長期的にみて厖大な人が妥当と判断する全体平均値を「絶対的基盤となる根拠」とする。これがすべての出発点だ。

では、全体平均値って、いったい何の平均なのか？

ここでＰＥＲの出番である。第1章で説明したように、一般的なバリュー投資ではＰＥＲを使いこなすことが重要なポイントとなるのだが、それをさらに深めていくことがＶＥ投資の奥義といえる。

ＰＥＲは株価の妥当性、つまり割安か割高かをはかる物差しである。個別株の株価をそのまま比較しても何も見えてこないが、ＰＥＲを使えばすべての個別株を同じ尺度で比較できるし、平均値が意味を持つ。

上場企業の平均ＰＥＲが踏みとどまるライン

図表２－６のチャートは２０１１年以降の東証１部上場企業の平均ＰＥＲである。これを見ると最も評価の低い時期でも概ねＰＥＲ15倍のラインで踏みとどまっている。この10年、日本市場にもようやくファンダメンタルズの概念が根付き、極端なバブルやその崩壊が発生しなかったことを考慮すると、このＰＥＲ15倍というのは、かなり本質的価値に近い数字と言える。

「けど、このチャートを見ると15倍を大きく超えるケースも多いのに15倍と断定するのはおかしいのではないか？」と思われる方も多いかもしれない。そこで、図表２－７の同時期のＴＯＰＩＸの株価チャートを見てほしい。

見比べると、株価が大きく上昇する局面で一時的にＰＥＲは上昇するものの、株価が落ち着くとＰＥＲも約15倍付近に落ち着くことがわかる。これは何を意味するのか？

実はＰＥＲのチャートは直近決算のＥＰＳをベースにした実績ＰＥＲの変化を表

図表2-6　東証1部PER平均

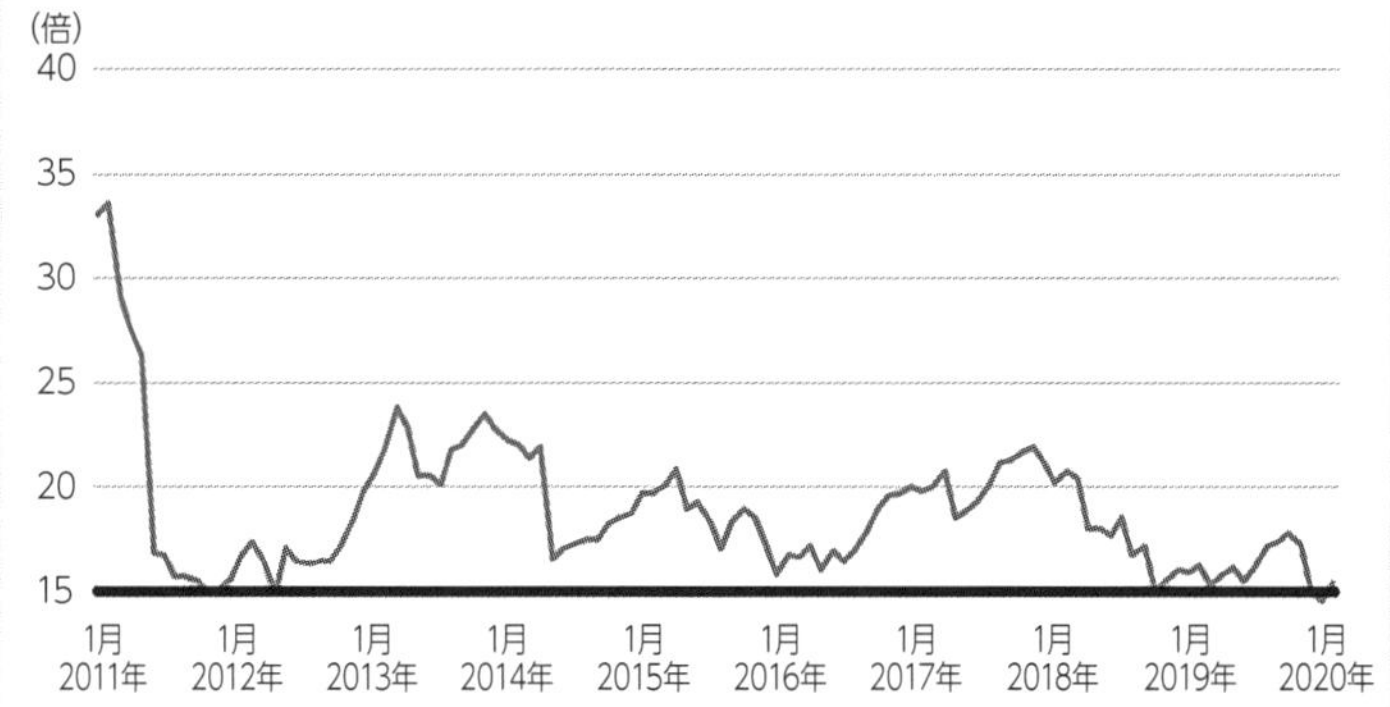

図表2-7　TOPIX

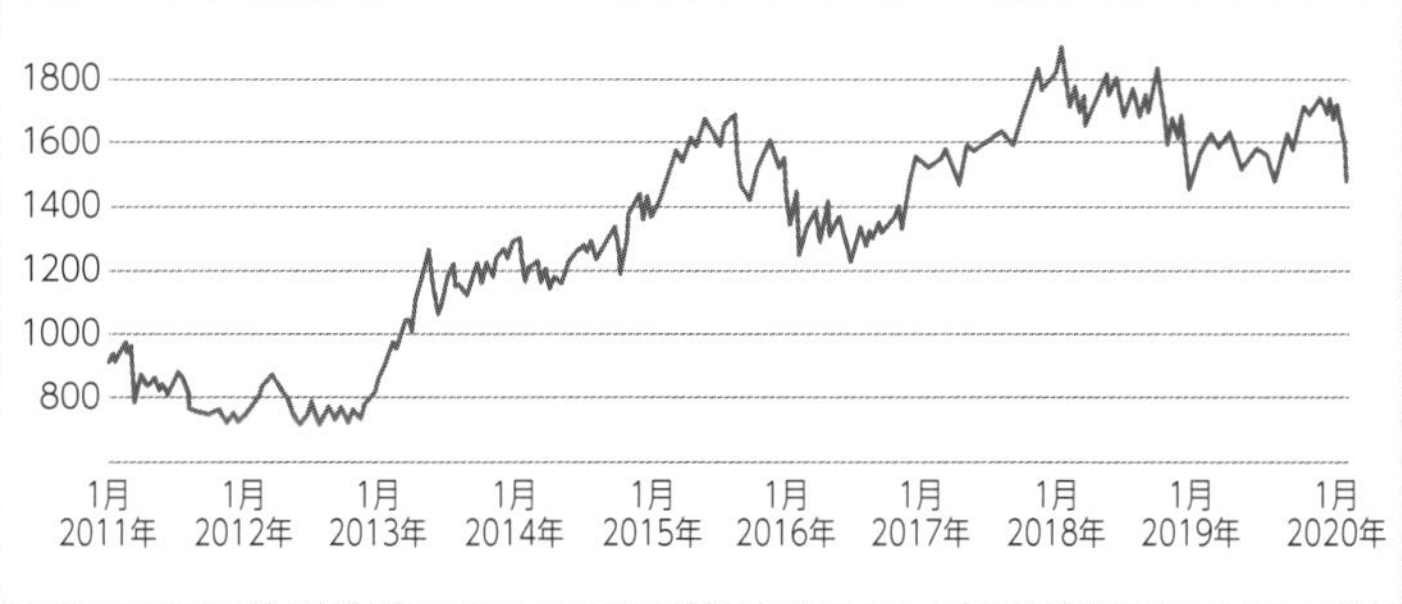

している。現実問題として、客観的にPERを分析するには確定値である実績PERで分析する方法が妥当といえる。しかし、現実は、株価は常に未来予想が反映されるため、客観的事実ではなく主観的予想によって変動する。その実績と予想の差がこのPERチャートには表れている。

一方、TOPIXチャートをよく見ると10年ほどで株価は2倍以上に上昇している。にもかかわらず、実績PERは15倍付近に収れんしているということは、EPSも2倍以上に拡大したことを意味する。企業業績の見通しが大きく改善した時には実績PERが大きく上振れし、逆に見通しが暗くなるとPER15倍付近に落ち着く。その繰り返しによって平均株価が2倍以上に上昇したのだ。

つまりその予想と実績の差を修正すれば、PER15倍あたりを妥当と判断しても大きな問題はないと考えるのである。

もちろん、重要なのは、あなた予想PERである。なぜなら、あなたが投資を決定する投資責任者だからだ。あなたが自由に決めてよい。少々控えめに14倍とか13倍とかに絶対的基盤の根拠をおいてもらっても何ら問題はない。

さらに言うと、金利水準とともにこの評価水準は上下する。低金利時代はやや高めのＰＥＲを市場は許容するし、高金利になると低いＰＥＲを求めるようになる。たまたま、過去10年は金利がほぼ０％付近で安定していたのでその修正は必要ないが、金利水準によってＰＥＲ15倍という基準も見直さなければならない。

アバウトさを許容する

「『絶対的基盤となる根拠』などと言っておきながら、そんなアバウトな定義づけでいいのか？」。あなたが理系であれば、このアバウトさは受け入れがたいだろう。しかし、私はもう30年以上、株式投資をしてきたが、あなたが思うような厳密で唯一の正解を求めるような姿勢は根本的に間違っていると断言できる。所詮は人々の想像の世界なのである。かなり幅を持たせて判断するほうが現実的であり、正解だ。

もし、あなたが１日のうちに、１％にも満たないような小さな利幅を狙う短期トレーダーなら、ＰＥＲ13倍と15倍の差は極めて大きいが、３～５年単位で数倍高を狙っていく長期投資スタイルなら、13倍も15倍も大差ない。つまり、この投資法を採用するのであれば、10％や20％のリターンを求めてはいけない。誤差に埋もれてしまう。もっとデッカく100%とか200%を狙う必要がある。

短期トレーダーの多くが、本質的価値など気にしない理由もここにある。彼らは誤差の範囲で勝負をつけてしまうのである。


考えてみると、この世の秩序という秩序は、ほとんどすべてアバウトさを許容している。法律、政治、教育、スポーツなど、客観的秩序があるように見えるものであっても、厳密にはかなりの幅の中間領域が存在する。

例えば、スピード違反を例にとろう。あなたは制限時速40㎞の見通しの良い直線道路を運転している。ふと見ると、草陰にスピード違反をチェックする警察官が隠れていた。慌ててスピードメーターを確認すると時速は46㎞を指している。一瞬ヒヤッとしたが何事も起こらず、警官は見逃してくれた。あなたは制限基準を15%もオーバーしているのに、どうやら、誤差の範囲、許容範囲として見逃してくれたのだ。

じゃあ、あなたの速度が時速50㎞だったらどうだろう? ギリギリセーフか、警官の気分次第では違反切符を切られることになるだろう。そもそも、こんな見晴らしの良い直線道路の制限速度が40㎞に設定された基準も曖昧なら、取り締まる基準もかなり幅を持っている。秩序というものの基準はこのように曖昧なものなのだ。「確かにスピード違反のような軽犯罪はそうかもしれないが、殺人のような重大犯罪ならどうか?」。そんな疑問に対しても、やはり曖昧な領域が存在するといえる。

あなたは娘の参観日に小学校に行ったとする。ところが、その日に限って、この世に不満をもった薬物中毒の凶悪犯が何やら大声で叫びながら、ライフル銃を持って、小学校に乗り込んできた。あなたはとっさに物陰に隠れるが、犯人は目と鼻の先まで迫っている。あたりは大混乱だ。

ふと、奥さんに頼まれて、ここに来る前にホームセンターで買ったフライパンを持っていることを思い出す。若い頃テニスで慣らしたスイング力を活かせば、もしかすると…。そんな思考が頭をよぎり、成功確率を検討し始めた。敵はこちらの存在に気づいていない。こちらは完全に敵を捕捉している。ライフル銃は遠方の敵には有効だが、間合いに入ってしまえば、フライパンのほうが有利かもしれない。敵は薬でラリってる。こちらは正気だ。良く見ると、いかにもひ弱そうなへたれ野郎だ。ふむっ、勝機あり!!

思いきって飛び出したあなたは、力任せにやつの顔面をフルスイング!!やった〜、決まったぁ〜!! 犯人は後ろに大きく吹き飛んだ。ところが、その反動で彼は後頭部を強打して、そのまま死んでしまう。

さて、あなたは殺人罪で訴えられるだろうか?

おそらくその反対だろう。ネットニュースでは、「アンパンマンならぬフライパンマン大活躍!」の見出しが躍り、世界中から無数の「いいね」をもらうことになるだろう。

しかし、この栄誉に気を良くして、その翌日もフライパンを持って街を警備し、たまたま見かけた万引き犯の少女にまったく同じことをやったら、あなたは褒められるだろうか?

じゃあ、いったいどこからが褒められ、どこからが犯罪になるのか? その境界線はどこにあるのか? などと厳密な議論を始めるとだんだん哲学者でも頭を悩ます領域に突入する。結局のところ、法治国家の秩序の根幹である刑法についてさえも、実はかなり幅広い曖昧な領域が存在し、ケースバイケースで考えざるをえないのだ。

個別株の評価のための情報整理

さて、話が進まなくなるので、とりあえず、ベースとなるＰＥＲを15倍と置いてしまおう。制限時速を40㎞といったん置くようなものだ。曖昧を前提に読んでほしい。

ただし、このＰＥＲ15倍はあくまで全体の平均であり、検討の基準値だ。本質的価値とは異なる。次に考えるべきは、個々の企業の個別事情である。

第1章で触れたように、トヨタ自動車のＰＥＲは東証1部平均のＰＥＲをはるかに下回っている。なぜ、トヨタ株と上場企業全体の間にＰＥＲの大差がついたのか？

これについてはトヨタ株の個別事情が反映されている。通常、ＰＥＲに差がつく理由は、将来に対する長期的な見方、つまり将来性が反映されているからだ。今は自動車が売れているが、景気後退局面が来れば、売れ行きが落ち込むはずだ。だからその分は割り引いて評価しなければいけない。さらに自動運転や電気自動車の普及が進めば、これまでのトヨタの強みが活かせなくなるかもしれない。今までのように世界市場で勝ち続けるのは難しいのではないか？ そんな長期的かつ悲観的な見方がＰＥＲを押し下げる。

業界特有の情報と個別情報

図表２－８は２０１９年１月時点の業種別実績ＰＥＲである。

これを見ると、建設や石油・石炭、鉄鋼、銀行などのＰＥＲが10倍を切っている。国内人口減少や業界の大変動、あるいは環境意識の高まりなどを背景に、成長が期待できない、もしくはリスクが高いと判断されているのだろう。

一方、需要が安定している食料品や医薬品、小売などはリスクが低いと判断され、ＰＥＲは高い。また、電気機器や情報・通信については、おそらくリスクと言うよりも成長性が強く反映されているのだろう。ＰＥＲは20倍前後と高い評価を受けている。

図表2-8　業種別実績PER（2019年1月時点）

総合	15.4（倍）
建設業	9.9
食料品	18.5
化学	14.6
医薬品	23.6
石油・石炭製品	5.5
鉄鋼	9.9
機械	13.6
電気機器	19.7
輸送用機器	11.2
精密機器	15.4
電気・ガス	14.3
陸運	16.8
空運	10.1
情報・通信	23.3
卸売	11.9
小売	22.4
銀行	8.9
保険	13.3
不動産	10.1
サービス	20.9

しかし、個別事情＝業種の事情ではない。個別事情を考えるにあたって重要なことは、個々の企業のリスクや成長といった将来性である。

時々、業種内でのＰＥＲ比較だけをして、「私の投資先は情報通信業なのにＰＥＲは10倍と割安だ」とか「建設業なのにＰＥＲは20倍で割高だ」などと単純比較する人を見かけるが、センスがない。情報通信業でも経営やビジネスモデルが悪く、苦戦が予想されるケースもあるし、建設業といえども、最新のテクノロジーや人々の行動変容をいち早く事業に取り入れ、急成長を遂げるケースもある。

ただ、業界特有の共通のリスクが存在するのは事実だ。新型コロナウイルスの蔓延により、旅行業や空運業は経営スタイルの差に関係なく、直撃をくらった。業界特有の要因は考慮に入れながらも、さらに個別企業の実力を推し量る力が必要になるのだ。

売上とコストに影響する情報だけを収集・評価する

このように個別企業を取り巻く様々な情報を整理するのにも、ＶＥの考え方が大いに役に立つ。おそらくＶＥが扱う「人々の満足」という概念と、株式投資が扱う

「人々の欲望」という概念は、本質的なところで一致点が多いのだろう。

そしてVEにおいては、情報をとても厳密に扱う。株式投資もそうだが、結局のところ、情報がすべてであり、いかに有効情報を効率的に収集し、評価するか、その手順が最も重要なのだ。そのことを改めてVEは教えてくれる。

では、ここでいう有効情報とは何なのか？　この点を考えたい。

銀河系内で新しい惑星を発見したとか、太平洋の深海で新種の生命を発見した、などという情報をかき集めても株式投資においてはまるで意味がない。じゃあ、米国の大統領が誰になったかとか、ＦＲＢの議長がどう発言したか、についてはどうだろう。これは影響の大きい企業もあれば、影響がほとんどない企業もある。新型コロナウイルスに関する情報はどうだろう？　近所のドラッグストアで新発売の発毛剤がよく売れているという情報は？

結論から言うと、VE的発想で行けば、個別株を評価するにあたっての有効情報とは、究極的には、売上にどう影響するか？　コストにどう影響するか？　この２つで十分である。それ以外の情報は有効情報とは言えない。

株価に絶対的に影響を与える利益は、利益＝売上－コストという極めて単純な式で表すことができる。だったら、売上とコストに影響を与える情報だけを効率的に調べるべきなのだ。

特有情報と一般情報

また、その情報源に関しては、利用の観点から、特有情報と一般情報という2つの切り口で整理するのが有効だ。併せてまとめると図表2－9のようになる。

特有情報とは、その企業や製品、サービスについて特有の意味を持つ情報である。先ほどの例でいえば、発毛剤の情報がそれであり、発毛剤メーカーにとってはとても重要な意味を持つが、他の大多数の企業にとっては無意味な情報である。

一般情報とは、多くの企業や製品、サービスで活用することができる情報である。新型コロナウイルスに関する正確な情報は、ほぼすべての投資対象にとって重要な情報となった。

勘違いするかもしれないので念のために付け加えるが、新聞やテレビなどのマスコミ情報が一般情報で、あなたが街中で発見した情報は特有情報だと言っているわ

図表2-9　特有情報と一般情報

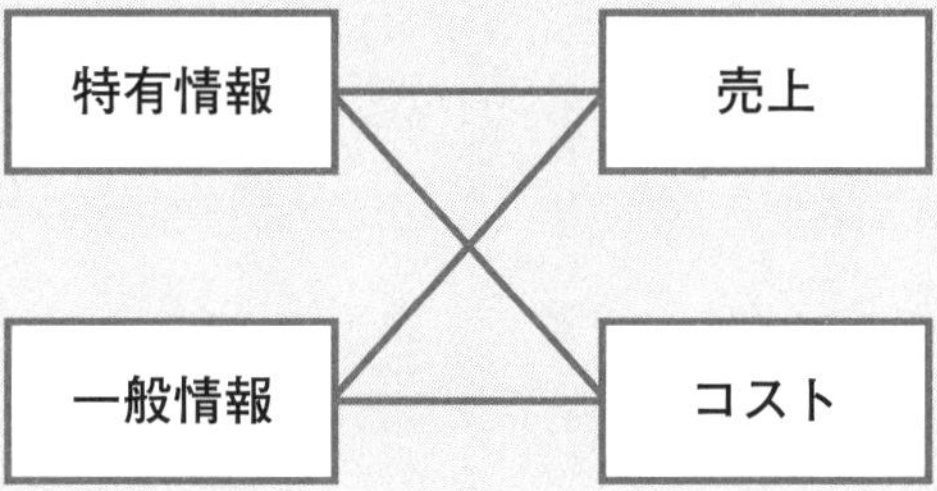

主な特有情報と収集先

- 業界情報…日経産業新聞、日経MJ、業界専門紙・専門サイト、白書
- 事業内容…会社四季報、企業HP、就職サイト、投資イベント
- 決算情報…決算短信、有価証券報告書、証券会社HP、投資専門サイト
- 製品情報…アマゾン、店舗、企業サイト、専門誌・専門サイト、オタクの友人、家族
- 経営者情報…企業HP、就職サイト、取材記事、投資イベント、株主総会

主な一般情報と収集先

- 景気動向…新聞、投資専門サイト、証券会社HP、取引先の愚痴、タクシー運転手
- 為替・金利…証券会社HP、投資専門サイト、新聞、ニュース
- 原油、不動産、人件費…各種専門紙・サイト、政府発表、新聞、ニュース

けではない。新聞の情報の中にも、個別企業にしか影響のない特有情報が含まれるし、あなたが街中で発見した情報の中にも、例えば、最近、人々のファッションが地味で質素になったと感じたなら、その情報は一般情報といえる。情報の発生元ではなく、利用の観点からの分類である。

効率的市場仮説のウソ

皆さんは効率的市場仮説を知っているだろうか？　世界中のあらゆる情報は、血眼になって投資機会を探っている厖大な投資家の判断によって、瞬時に株価に反映されるという考え方だ。しかし、この仮説は大きな問題を抱えている。特有情報と一般情報を混同しているのだ。

確かに幅広く経済に影響を及ぼす一般情報の多くは、あっという間に世界中に広がり、株価に反映される。しかし、特有情報に関しては、徐々に広がりを見せるし、それがどういう意味合いを持つのかを正しく判断するのにも時間を要する。そのため、特有情報がもたらす本質的価値の変化を反映させるのに、市場はやや時間を用意してくれる。あまりにゆっくりではチャンスを逃すかもしれないが、パソコン画面に張り付かないと投資機会を失うという類のものではない。

「論理60％、感性40％」でAIに勝つ

同じ理由で、世界中の特有情報をネット上でかき集め、AIに判断させるという方法も当分は当てにならないだろう。ネット上に現れる文字情報の大半は感情的かつ近視眼的であるため、数年先を見通す長期投資に必要な情報としてはまるで役に立たない。そんな情報をAIがいくら集めても判断を誤るだけだ。

また、仮にAIが有効な情報を発見できたとしても、将来を予測するには、論理的な思考だけでなく、感性も重要となってくる。データが完璧にそろい、論理的思考だけで先が見通せる状況になる前に、株価は完全にそれを織り込んでしまう。

私の感覚では、様々な情報にもとづく論理的な判断が60％、感性による判断が40％くらいの段階で、思い切って勝負を仕掛けないと間に合わない。幸い、まだAIに感性は宿っていない。長期投資に関していえば、しばらくは人間がAIより有利だと考えるのである。

さて、特有情報と一般情報から、売上とコストに関する考察が必要と述べたが、そこから何が知りたいのか？　先に結論をまとめると図表2－10のようになる。

あなたが一番欲しいのは「今後株価はどれほど上昇する可能性があるのか？」、つまり、図表2－10のバリューである。そのためには、その企業の本質的価値を算出する必要がある。

図表2-10　VE情報連関図

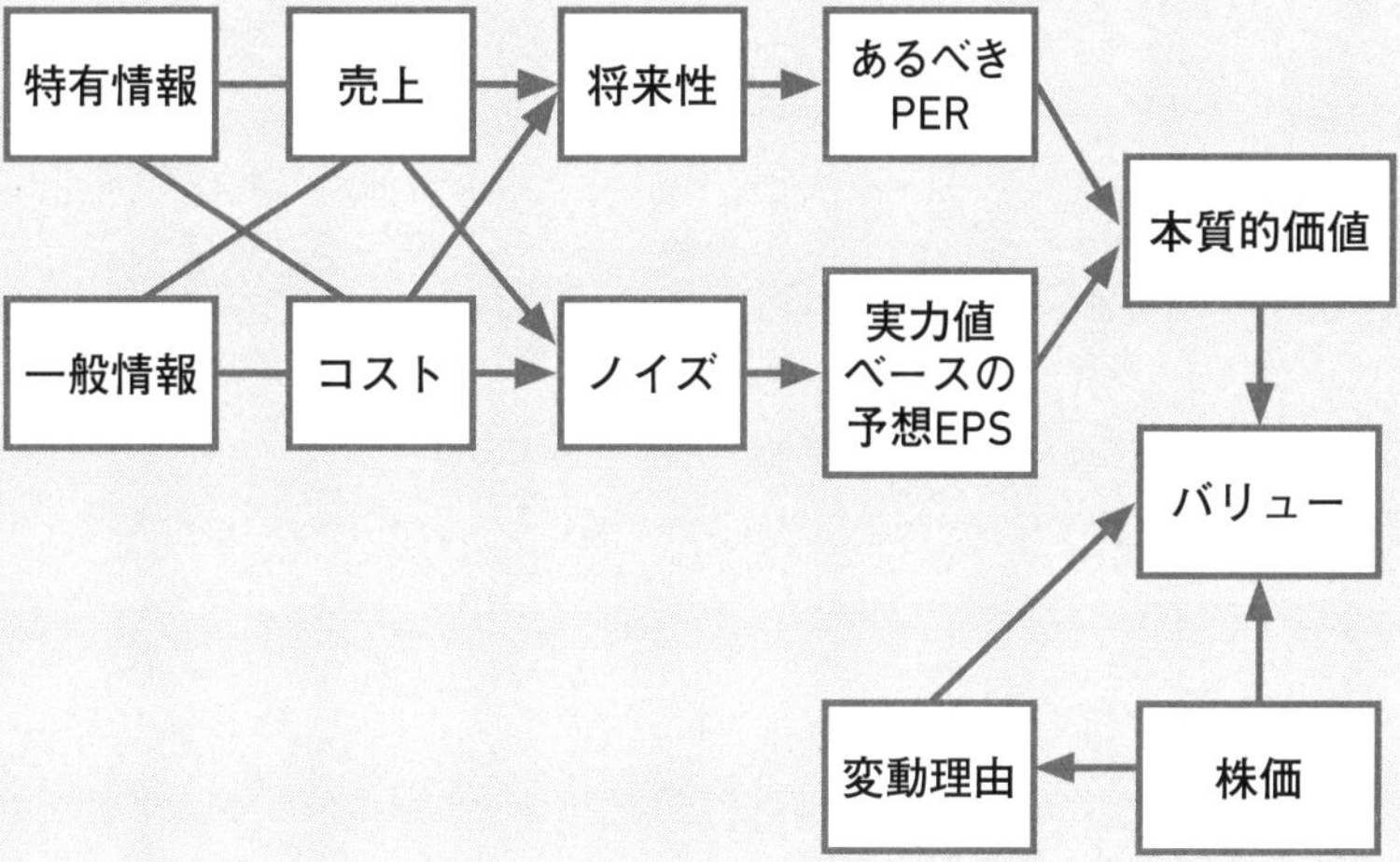

本質的価値を決める2つの因子をはじき出す

株価が本質的価値から乖離する要因は2つに分けることができる。

1つはPERのぶれだ。PERは個別企業の実力が反映されるべきものだが、様々な事情により低い水準にとどまっている可能性がある。しかし、何らかのタイミングで多くの投資家が過小評価に気づいた場合、予想PERはぐんと高まるため、ここに株価上昇の可能性が存在する。

もう1つはPER算出のもとになるEPSがぶれている可能性である。利益の実績値や会社予想値が、その企業の本当の実力を反映しているとは限らない。一時的な要因やバイアスなどで短期的な利益水準と実力値が一致しない可能性がある。それを取り払った「実力値ベースの予想EPS」は、会社予想EPSや専門家予想EPSより高いかもしれず、そこに株価上昇の可能性が秘められている。

図表2-11　本質的価値を決める2つの因子

実力値ベースの予想EPS

売却した土地の収益や地震による損失など一時的な損益要因、例年この企業が出す予想EPSは控えめなのか強気なのかといったバイアスなど、この企業が本来持つ長期的な実力とは無関係なノイズを除去し、あなたが考える限り正確な、実力値ベースの予想EPSを算出する

あるべきPER

もし膨大な人々の適切な評価を受ければ、妥当だと判定されるであろう、将来性を加味した評価水準。ビジネスの仕組みや販売商品の特性、市場の大きさや経営者の目指す方向性などから、売上やコストが今後どう変化しそうか、あなたなりに将来性を予想し、それに見合った適切なPERをはじき出す

株価＝PER×EPSなので、
この2つの因子の掛け算で株価上昇の可能性がある

つまり企業の本質的価値は2つの因子から決まる。1つは「将来性を加味したあるべきPER」で、もう1つは「実力値ベースの予想EPS」だ。

第1章で説明したPERの計算式を変形すると、株価＝PER×EPSとなる。あなたが算出した「あるべきPER」と「実力値ベースの予想EPS」がもっと高ければ、株価はその掛け算となって大きく上昇する可能性がある（詳しくは、第3章と第5章の事例で解説）。

このようにして本質的価値を見極め、株価上昇の可能性をはじき出すことが、VE投資の核心である。

ノイズを除去し、将来性を加味する

そこで、あなたがやるべきは、特有情報と一般情報の中から、売上とコストに関する情報を集め、たまたま今期売却した土地の収益だとか、たまたま発生した地震による損失だとか、あるいは例年この企業が出す予想EPSは控えめなのか強気なのかといったバイアスなど、この企業が本来持つ長期的な実力とは無関係なノイズを除去し、あなたが考える限り正確な、実力値ベースの予想EPSを算出すること。

それと、ビジネスの仕組みや販売商品の特性、市場の大きさや経営者の目指す方向性などから、売上やコストが今後どう変化しそうか、あなたなりに将来性を予想し、それに見合った適切なＰＥＲをはじき出すことである。

当然のことながら、そこには経験やスキル、努力の差が生まれる。この差が、勝てる投資家と勝てない投資家の違いなのだ。株で長く勝ちたいなら、ここを頑張るしかない。

ただし、前述した通り、オリンピックやワールドカップを目指せと言っているわけではない。運転免許を取って、長年無事故無違反で車を運転できるくらいの知識と経験と慎重さを手に入れることができれば、おそらく相当勝てるようになるだろう。

分析を効率化する2つのアプローチ

しかし、個人投資家のあなたがすべての上場企業に対する有効情報をかき集め、株価への反映度合いを測るなどという厖大な作業が可能だろうか? 言うまでもなく、不可能だ。プロでも不可能だ。

ボトムアップ・アプローチ

そこで、昔からバリュー投資家の多くは、ボトムアップ・アプローチという手法をとる。まず、割安さの観点から、すべての銘柄を対象に幅広くスクリーニングをかけ、バリューが発生していそうな銘柄だけをざっくりとピックアップする(1次選考)。次にピックアップした銘柄について、特有情報と一般情報をかき集め、本質的価値を推定する(2次選考)。最後にそれらの中で最も有望そうな銘柄を絞り

図表2-12　ボトムアップ・アプローチ

割安さの観点から、すべての銘柄を対象に幅広くスクリーニングをかけ、バリューが発生していそうな銘柄だけをざっくりとピックアップする（1次選考）

次にピックアップした銘柄について、特有情報と一般情報をかき集め、本質的価値を推定する（2次選考）

最後にそれらの中で最も有望そうな銘柄を絞り込み、保有株とも比較して、同等かそれ以上のバリューが存在すると判断できた時、購入を決断する（投資決行）

込み、保有株とも比較して、同等かそれ以上のバリューが存在すると判断できた時、購入を決断する（投資決行）。

ＶＥ投資の場合、１次選考でＶＥ投資一覧表を使い、２次選考で先ほどのＶＥ情報連関図に沿って情報分析を進めるとよいだろう。

まず、ＥＰＳと株価の変動を同時に比較できれば、少なくとも、バリューが拡大傾向か、縮小傾向なのかがわかる。

図表２－13のＶＥ投資一覧表を見てほしい。前出のＶＥ投資一覧表を手直しして、「本質的価値」を「ＥＰＳの変化」に置き換えてある。また、「予想ＰＥＲ」を記入する欄を設けた。この表にそって個別株をスクリーニングする。

この表の❷のように、ＥＰＳが拡大しているにもかかわらず、株価が下落する現象が発生した場合、少なくとも、以前か今のいずれかの時点で（もしくは両方とも）本質的価値と株価に乖離が発生している可能性が高い。以前の株価が正しい水準だったとすれば、バリューは拡大していると考えられるし、今の株価水準が正しいとすれば、以前の株価が高すぎたといえる。

この場合、前者なら投資対象として候補に挙がるが、後者なら対象外として処理

図表2-13　VE投資一覧表（実用版）

	❶	❷	❸	❹	❺
EPSの変化	→	↑	↑	↑ ↑	↓
株価の変化	↓	↓	→	↑	↓ ↓
予想PER					

❶ EPSは変わらないのに株価が下がった。

❷ EPSは拡大しているのに株価が下がった。

❸ EPSは拡大しているのに株価が上がらない。

❹ EPSは大幅に拡大しているのに、株価の上昇が追いついていない。

❺ EPSも下がったが、それ以上に株価が下がった。

しなければならない。そこで、併せて現時点での予想ＰＥＲを確認する作業が必要となる。

仮に、現時点での予想ＰＥＲが10倍と全体平均の15倍を大きく下回っているとしたら、絶対値としても割安な可能性があるし、過去との比較からもバリューが拡大していると推察される。逆に株価が大きく下がったにもかかわらず、ＰＥＲが30倍だとしたら、過去にとんでもない過大評価を受けていただけで、今でも過大評価されている可能性が残る。

「推察」とか「可能性」と表現する理由は、既に説明した通り、ＰＥＲには個別株の将来予想が反映されるため、過去情報だけから判断することはできないからだ。さらに深い調査（２次選考）が必要となる。

このように、まずはＶＥ一覧表の考え方で、ＥＰＳの変化、株価の変化、予想ＰＥＲの３つの基準からざっくりとスクリーニングをかけ、１次選考を完了させるのである。具体的な方法については、第３章以降、私の実践例を示しながら説明したい。

トップダウン・アプローチ

有望株の探索には、もう1つ別のアプローチがある。トップダウン・アプローチだ。私も今回の新型コロナウイルスの影響で世界が変わる可能性を感じた時、こちらのアプローチを採用した。

新型コロナウイルスの影響は甚大で、多くの企業は急激に収益が失われた。さらに、これをきっかけに、人々は行動パターンを変容させ、将来的にも行動は元に戻らず、まったく新しい未来が開けると考えたほうが適切と感じるようになった。

そこで、短期的にも収益が良く、長期的にも、人々の行動変容の影響で収益拡大が期待できそうな企業探しをすることにした。

まずは清潔意識の高まりから衛生関連株。人々が接触機会を減少させ、家で過ごす時間を増加させるという観点から、巣ごもり関連株。また、原油価格の暴落によりメリットが出る原油安関連株などを候補テーマに挙げた。

次にこれらのキーワードをベースに連想ゲーム的に関連しそうなキーワードを、例えば、「リモートワーク」「電子コンテンツ」「宅配」「消毒」などと抽出し、関連しそうな銘柄を書き出して、1つひとつ検討を進めることとなった。

その際、VE投資一覧表の発想で、株価が下落しているにもかかわらず、今後の業績が期待でき、しかもPER水準が妥当以下と判断できる銘柄を探索した。最終的には、リモートで仕事や学習をする需要が急増すると考えて、ノートパソコンをネット販売するMCJなど3銘柄を厳選して購入した（第3章を参照）。

何か大きな変化が発生した時に（この場合、「新型コロナ」）、その変化の影響を大きく受けるテーマを設定し（「巣ごもり」）、次第にキーワードを細分化する（「リモートワーク」「リモート学習」）。そして、そのキーワードに関連する銘柄群をピックアップし（1次選考）、次にそれらの株のバリューを推定する（2次選考）。最後にそれらの中から最も有望と思う銘柄を抽出し、購入する（投資決行）。

私の場合は、ボトムアップ・アプローチからのトップダウン・アプローチをする場合が多い。どういうことかというと、割安な銘柄を探索し、これはと思う銘柄を発見できた時、多くの場合、その周辺にも別の有望株が隠れている。そこで、同じテーマでトップダウン・アプローチを試し、2匹目のドジョウを探すのである。

図表2-14　トップダウン・アプローチ

何か大きな変化が発生した時に（例「新型コロナ」）、その変化の影響を大きく受けるテーマを設定し（例「巣ごもり」）、キーワードを細分化する（例「リモートワーク」「リモート学習」）

そのキーワードに関連する銘柄群をピックアップ（1次選考）

次にそれらの株のバリューを推定する（2次選考）

最後にそれらの中から最も有望と思う銘柄を抽出し、購入する（投資決行）

「あるべきPER」の基準表

さて最後に、あるべきPERを検討するとして、「どこまでの将来性を反映すべきか？」という重要な問題が残る。

会社予想PERやネット上で公表されるような専門家予想PERは、今期つまり現在から決算期末までのごく近未来の収益を予想し、算出される。しかし、企業という長期的に収益をもたらす存在を、そのように近視眼的に評価することには問題がある。近未来に限定された評価では、今期だけの特殊要因の影響、例えば、猛暑だったとか台風の影響が大きかったとか、戦略的に広告宣伝費を大量に投入したとか、新工場の立ち上げが遅れたとか、様々な外部要因、内部要因のノイズが強く出すぎてしまう。

では、大学のファイナンスの授業で教えるような10年とか20年といった超長期的な未来収益を予想し、そこから逆算して、今の株価を評価するようなやり方が正しいかと言うと、確かに理論上は極めて正しいやり方だが、まったくもって実践的とは言えない。現実問題として、そんな先のことをその会社の経営者も含めていったい誰が予想できるだろうか？　新型コロナウイルスや東日本大震災、あるいは米中貿易摩擦や英国のＥＵ離脱など、過去10年に発生した大事件を思い出すだけで、そのバカバカしさが理解できるだろう。

では、どういう発想が現実解として正しいのか？

魔法の方程式はないが、丁寧な評価で未来は見えてくる

１つ言えることは、たった１つのやり方ですべての企業の未来を予想できる魔法の方程式はないということだ。フライパンマンを思い出そう。殺人が悪であることは誰もが認識している。しかし、実際に殺人事件が起こった時、殺人＝死刑などと単純な方程式で裁いてはいけない。すべての殺人事件は複雑な事情があり、それらをいくつかの視点、例えば、「本人に殺意があったのか？」あるいは「相手に殺意

はあったのか？」などを慎重に評価するはずだ。

企業の将来性についても同様だ。株価に将来性が加味されているのは間違いない。しかし、企業ごとに複雑な事情があり、この業種ならPER13倍が妥当などと決めつけてはいけない。1つひとつ丁寧に評価していくしか方法はないのだ。

膨大な人々が妥当と判断するPER水準は、将来性を構成する成長要因とリスク要因の2つの因子から割り出される。そこで、あるべきPERもその両面から判断する必要がある。十分な調査をした上で、最後は感性で判断するのである。

ただ、制限時速がないとスピード違反を取り締まれないのと同様、何かしら基準を設定しないと始まらない。

そこで、私は、実践的な観点から、あるべきPERの基準となる表を用意した（図表2－15）。

表は縦に成長性つまり先行きの観点から、横にリスクつまりあなたの自信や不安といった観点から、PERの基準値を並べたものだ。

図表2-15　あるべきPERの基準表

先行き＼自信	かなり自信あり	自信あり	普通	不安／自信なし
急激な成長が期待できる（EPS成長率：概ね20%以上）	PEGレシオにより算定			少額の投資で様子見
かなり明るい（EPS成長率：概ね10〜20%）	20倍	17.5倍	16倍	
明るい（EPS成長率：概ね0〜10%）	15倍	14倍	13倍	
普通（EPS成長率：0%前後以下）	VE投資の対象外			

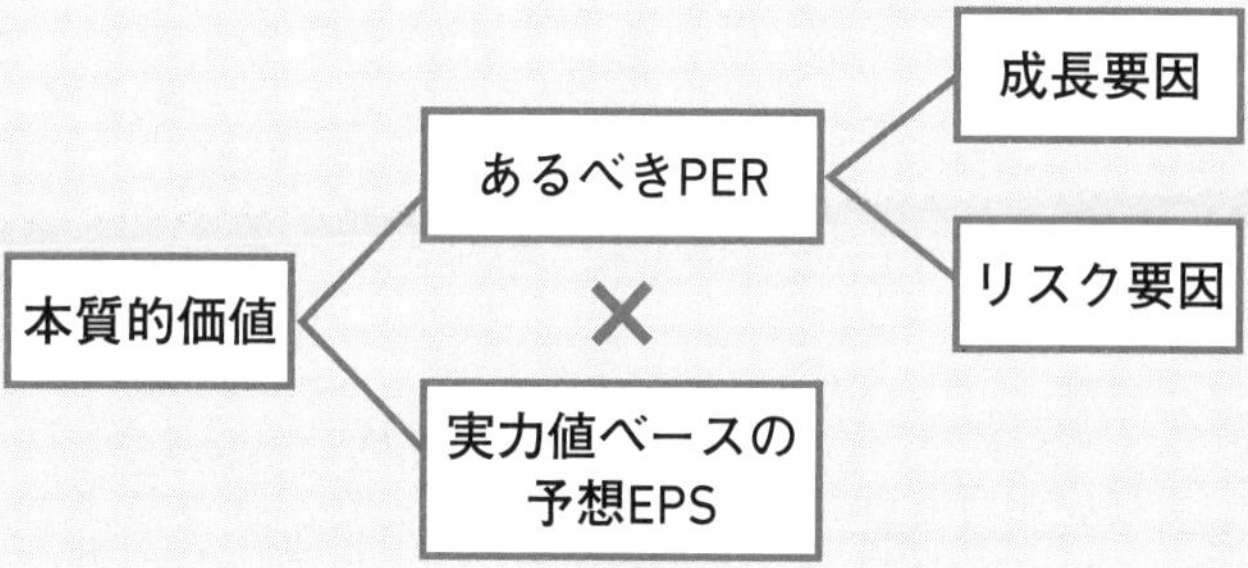

バリュートラップの可能性がある株は除外

下から順に見てみよう。「いろいろ調べてみたが、今後はそれほど大きな成長は期待できない。先行きは普通」というケースだ。このような投資対象はたとえ割安でも見合わせたほうがよいだろう。いわゆるバリュートラップと呼ばれる、いつまで経っても株価が上がらない現象に悩まされることになる。「EPS→株価→」のままでは、バリューは拡大しないからだ。

あくまで先行きの明るい企業に限定して投資するのがVE投資の重要なポイントといえる。そうすることで、単なるバリュー投資のリターンに加えて、グロース投資的なリターンを取り込むことができる。仮にバリュートラップのようになって、2年も3年も株価が上がらなかったとしても、その分、企業の収益は拡大し、「❸EPS↑株価→」の状態が続くことで、さらにバリューがアップする。いつか上がり出した時の上昇力が蓄えられることになる。決して諦めて売ってはいけない。

自信が持てるまで購入を見送る

次に下から2番目。先行きに明るさを感じるケースだ。その企業がやっている新たなチャレンジが収益に貢献し始め、これまでの状況と大きく変わりそうな予感がする。あるいは、外部環境が大きく変わり、この会社が地道に開発してきた商品の需要が今後大きく伸びそうだ。そのようなケースだ。

この場合は、あなたの自信の度合いによって、妥当と思われるPER水準を3段階に設定しよう。私は、かなり自信がある場合の基準値を厖大な人が妥当と考える平均的PER15倍とし、自信の度合いによって、14倍、13倍と基準値を下げることにした。「自信がない＝何かしら不安要素がある＝リスクが高い」ときには評価を下げるという発想だ。また、一番右側、つまり先は明るいが、かなりの不安要素が含まれる場合は、投資対象から外したほうがよいだろう。いったん様子見か、さらに深く調べて、先行きに自信が持てるまで、購入を見送ろう。

「先行きかなり明るいが自信なし」は少額だけ買う

下から3番目。その企業の経営判断がズバリ的を射て、かなりの成長が期待できそうなケースである。この場合は先ほどより基準値を上げてよい。非常に古くからの経験則として、「成長株を市場の『平均値＋25％』以下の水準で買えば、かなりの確率で成功する」というのがある。この発想を取り入れた。

「うん？ かなり自信ありのＰＥＲ15倍を1・25倍すれば18・75倍となるのに、同じ列の上側はＰＥＲ20倍って、計算を間違えていませんか？」。そんな細かいことを気にする人がいるかもしれない。が、何度も言うように人々の想像で成り立っている秩序に対しては、自然科学のような厳密性を適用すべきでない。ざっくりと覚えやすいＰＥＲ20倍を私は基準値としている。

ただ、あなたの基準値は18・75倍でも別に構わない。表全体をより安全側に見直していただいても一向に構わない。そのほうが、成功確率は高まるだろう。ただし、それだけ、割安株を見つけるのが難しくなるだけだ。

さて、この行の一番右側を見てほしい。先行きはかなり明るいものの、それが本当にうまくいくのか自信を持てないケースだ。たぶん、実際にＶＥ投資を始めると、こういう状況を何度も経験することになるだろう。どんな銘柄にもあなたを不安にさせるのに十分なマイナス要素は事欠かない。

そこで、私が実践でやっている現実解は、「とりあえず、少額買う」だ。少額でも実際に株主になることで当事者意識が発生し、より深く調査をするモチベーションになる。さらに調べて、不安が解消されれば、左に進んで、ＰＥＲ16倍を基準にすればよいし、いつまで経っても不安が解消されないなら、そのまま少額の投資を続ければよい。

「ギャンブルにおいて、いくら賭けるのが正しいか？」を数学的に解明したケリー基準によれば、一定以上の期待値を有し、確率は低いものの、もしうまくいけば大きなリターンが狙えるタイプの投資対象には、わずかでもよいので、とりあえず張っておくのが正解だ。資金に余裕があるなら、この判断を採用しよう。

基準より50％割安で買いたい

「すみません。エナフン先生、ちょっと質問です。ここで具体的なＰＥＲの基準値が示されましたが、実践では、それ以下のＰＥＲ水準で買えば、成功するという判断でよろしいでしょうか？」。そんな声が聞こえてきそうだ。

これについては、「この基準よりも割安であればあるほど、成功確率が高まる」と考えてほしい。実際の投資判断においては、できれば、この基準の半分の水準で買いたい。既に説明した通り、10％や20％の割安さでは、誤差の範囲に隠れてしまう。少なくとも基準値×０・75。本音を言えば、基準値×０・５で買いたい。

ただし、これはバリュー投資的基準であり、上に行くほど、つまり成長率が高まれば高まるほど、グロース投資的な判断力が必要となってくる。

急成長が期待できる場合はＰＥＧレシオ

一番上、今後急激な成長が期待できる場合は、グロース投資家の判断基準であるＰＥＧレシオが役に立つ。ＰＥＧレシオとは、ＰＥＲと当期純利益の成長率（年率）が同じなら、概ね株価は妥当な水準だと判断する方法だ。

式で説明すると、次のようになる。

ＰＥＧレシオ＝ＰＥＲ÷当期純利益の成長率（年率）

この数字が１以下なら割安、１以上なら割高と判断する、昔ながらの投資基準である。

仮にＰＥＲが27倍と厖大な人の平均値15倍よりずいぶん割高に見えても、今後の成長率は30％以上が期待できるようなら、

ＰＥＧレシオ＝27（倍）÷30（％）＝０・９

と、この数字が1を下回るため、割安と判断するのである。

これも理系の人には違和感のある計算式かもしれない。「明らかに異なる概念の数字を除して１以下なら良しとするなんて…」。しかし、この経験則には根拠がある。仮にＰＥＲと成長率が同じとして、その状態が3年も続けば、３年後には概ね妥当なＰＥＲ水準に収まるのだ。

図表２－17の一覧表は、ＰＥＧレシオ1倍株がもし株価が変わらないなら、その

後の利益成長によってどうＰＥＲが変化するかを表している。一番左側の列がＰＥＲと利益成長率を表す。どちらも同じ値なので、例えば一番上の行、ＰＥＲが50倍の株でも、成長率が50％なら、もし株価がそのままなら、1年後にはＰＥＲは33・3倍となり、2年後には25・0倍、3年後には20・0倍となる。つまり、3年後まで急激な成長が続くようなら、その後は成長が鈍化したとしても、概ね妥当な株価だと判断できるのである。表現を変えるなら、今後3年間の利益成長を既に織り込んだ状態ともいえる。少しでも利益成長に鈍化の兆しが見えれば、株価は大きく下がることになる。

この場合でも、バリュー投資家は、ＰＥＧレシオが0・5倍以下で買える日を夢見ている。結局のところ、安く買うことこそが、リスクを下げ、リターンを上げる最良の方法なのだ。そうはいっても、現実はそう簡単に見つかるものではない。いくつもの条件が重なる必要がある。

現実の成長企業は？

1つ理解しておきたいのは、株式投資のリターンは、割安さの解消と利益成長の

図表2-16　PEGレシオ

PEGレシオとは、PERと利益成長率が同じなら、概ね株価は妥当な水準だと判断する方法だ。

PEGレシオ＝PER÷当期純利益の成長率（年率）

この数字が1以下なら割安、1以上なら割高と判断する、昔ながらの投資基準。

図表2-17　PEGレシオ1倍株のその後のPER変化

PER、利益成長率	1年後PER	2年後PER	3年後PER
50（倍、%）	33.3（倍）	25.0	20.0
45	31.0	23.7	19.1
40	28.6	22.2	18.2
35	25.9	20.6	17.1
30	23.1	18.8	15.8
25	20.0	16.7	14.3
20	16.7	14.3	12.5

（株価がそのまま変わらない場合）

2つからなるということだ。特に、利益成長率が非常に高いグロース株については、割安さにこだわりすぎると、かえって失敗する。たとえ割安に買えなくても、その成長率からもたらされるリターンのほうが庞大になるためだ。ＰＥＧレシオが1前後でも、本当に自信があるなら買いと判断してよい。

現実の成長企業は、メトロノームのように一定の間隔で成長を刻んだりはしない。素人目にも今後3年程度30％もの成長が見込めるような急成長企業を手にしたなら、場合によっては次の1年間で利益を50％とか１００％といった単位で増やし、あなたを大いに喜ばせることもあるだろう。

特にネット系企業や、やっと赤字をクリアしたばかりのベンチャー企業は、一度仕組みが完成すると、コスト拡大を抑えながら、売上を急拡大させることがあるため、要注意である。

予想に最善を尽くし、株の世界をわかっている人になる

「エナフン先生、もう1つだけ質問です。『明るい』と『かなり明るい』との線引き。また、『かなり明るい』と『急激な成長が見込める』との線引きはどうなって

いますか？」

何度もいうが境界は曖昧である。ただ、一応、前者は成長率10％程度、後者は成長率20％程度にラインを引いてもらいたい。あるべきPERの基準表の中にEPS成長率の予想範囲を入れているのはそういうことだ。ただ、これも現実問題として、素人がEPS成長率を精緻に計算することは難しい。プロでも頻繁に間違える。

そこで、どれだけ成長するかはわからないが、先が明るいなら、それを成長株と判断し、厖大な人々の平均評価と比べて、大差がない、あるいはわずかしか高く評価されていないなら、十分に割安だと考えるのである。

論語に「知らざるを知らずと為す。これ知るなり」というのがある。知らないことを知らないと自覚できている状態こそ、知っている状態と言える、といった意味だ。どうやってもわからないことについては、最初からわからない前提で、しかし、調べればわかることについては最善を尽くす。最後は感性も使って、最善の予想ができる人間になれれば、株の世界をわかっている人になれる。

未来に対しては謙虚さが重要である。VE投資法は、未来の方向性までは十分予想がつくものの、いつまでに何がどうなっているかといった、精緻な未来の姿なんて誰もわからないという前提で投資戦略を構築している。正解とまでは言えないが、おそらく、最善といえるだろう。

第3章

VE《バリューエンジニアリング》投資の手順

コロナショック時の実践例

会社四季報を活用する

2020年正月、部下から、こんな相談があった。

「年末にボーナスが出たので、奥山さんの株の本を読んで、MCJという株を購入してみました。どう思われますか？」

聞くと、私の前著『〝普通の人〟だから勝てる　エフナン流株式投資術』に書いてあった通りに『会社四季報』を丹念に読み込み、彼なりに選んだ株だという。前章で紹介したボトムアップの手法を試したといえよう。

私はこの手の個人的な投資話にまともに相談に乗ることはないのだが、『そこまでやったというのなら』と家に帰って、会社四季報を確認した。第一印象は「なかなか面白い」だった。

VE投資法を使ったボトムアップ・アプローチにおける1次選考は、業績と株価と予想PERを見比べることから始まる。その点、会社四季報はそれらの情報を同時に見られるように工夫してあるし、定性的な情報も含めて補足情報が簡潔にまとめられているため、都合がよい。近年、証券会社のサイトや有料の投資情報サイトなども利用しているが、昔ながらのこの方法が私には馴染みがある。

VE投資一覧表を作る

会社四季報2020年新春号でMCJのページを見ると（図表3－1）、❶2017年3月ごろからの長期チャートは横ばいかやや上昇といった印象を受ける。一方で、❷業績推移を見ると素晴らしい。過去4年増収増益を続け、今期も増収増益が見込まれている。VE投資一覧表に当てはめると、図表3－2に示したように「❸EPS↑株価→」のパターンに該当しそうだ。

❸予想PERは9・7倍となっている。この予想数字はMCJ社が出したものではなく、会社四季報のスタッフが独自に算出したEPSをもとに計算されたものだ。第1章で説明した専門家予想PERの1つと言える。会社予想PERと比べて、バ

イアスや直近の外部環境などが考慮されており、より精度が高いといえよう。

ＭＣＪの主力事業であるマウスコンピューターは、近年急にテレビＣＭでも見かけるようになった。破壊的イノベーションの初期段階によくある「なんか、安っぽいけど、うまくニーズをつかんでいる」タイプの企業に見える。ユニクロもソフトバンクもドン・キホーテも、最初はこんな感じから始まった。また、パソコンの製造販売というと、その昔、米国のデル社が急成長したのを思い出す。

もし、そんな先の明るい成長企業なら、ＰＥＲ９・７倍はいかにも割安だ。過去3年間の利益成長率はざっと20％近くあり、あるべきＰＥＲは、少なくとも16〜20倍はあってもよさそうだ（図表３－３）。それが10倍を下回るなんて…。

❹コメント欄を見ると工場が２０１９年の台風19号で被災していたことがわかる。もし、被災していなければ、この会社はもっと利益を出したことだろう。台風の被害は一時的な損失であり、この会社の長期的な実力とは関係ない。

❺自己資本比率は54・８％と問題ないし、有利子負債１４８億円に対し、現金同等物は２１２億円もあり、実質無借金経営といえる。配当利回りも３・１％は悪くない。

図表3-1　『会社四季報』のMCJ記事

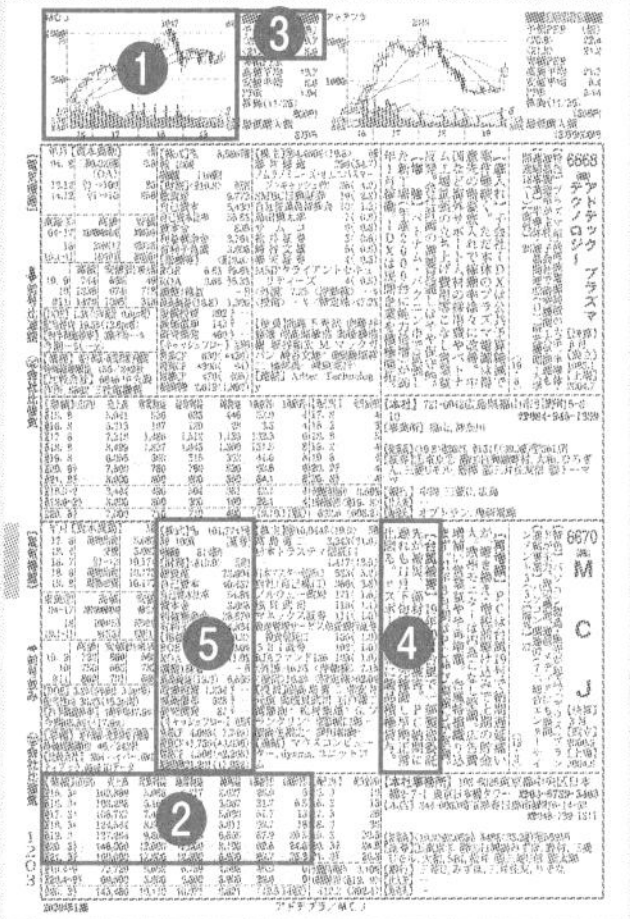

❹

【台風被害】19年10月台風で一部製造委託先が被災、部材や在庫に被害。PC納期に遅れも11月下旬に新委託先稼働し早期正常化図る。eスポーツ大会に製品積極貸与。

❺

【株式】10/31	101,774千株
単位 100株	優待
時価総額	814億円
【財務】〈連19.9〉	百万円
総資産	73,804
自己資本	40,437
自己資本比率	54.8%
資本金	3,868
利益剰余金	28,679
有利子負債	14,834
【指標等】	〈連19.3〉
ROE	18.3%　予20.0%
ROA	9.1%　予11.0%
調整1株益	一円
最高純益(19.3)	6,655
設備投資	1,234 予 ‥
減価償却	528 予 ‥
研究開発	87 予 ‥
【キャッシュフロー】	百万円
営業CF	4,093(7,749)
投資CF	▲1,755(▲3,036)
財務CF	1,506(▲2,266)
現金同等物	21,201(17,932)

❶

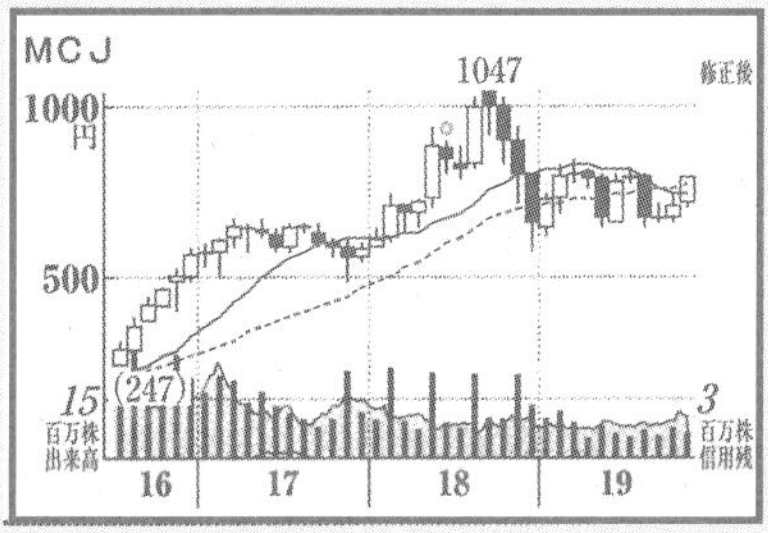

❸

株価指標	
予想PER	(倍)
〈20.3〉	9.7
〈21.3〉	8.9

❷

【業績】(百万円)	売上高	営業利益	経常利益	純利益	1株益(円)	1株配(円)
連15. 3*	102,889	5,068	5,217	2,627	26.9	5
連16. 3*	103,288	5,167	5,014	3,087	31.7	6.5
連17. 3*	108,727	7,463	7,503	5,030	51.7	13
連18. 3*	124,544	8,504	8,743	5,811	59.7	18
連19. 3	137,264	9,688	9,690	6,655	67.9	20.5
連20. 3予	148,000	12,000	12,000	8,100	82.6	24.8
連21. 3予	150,000	12,800	12,800	8,800	89.7	25.3

1次選考は合格だ。

「お前、なかなか筋が良いよ。こいつは化けるかもしれない。ただ、一点、注意したいのは、パソコンには独特の販売周期が存在する。2020年3月期はちょうど、ウインドウズ7のサポート終了と重なり、買い替え特需が発生した。来期はその反動が出るかもしれない。マーケットはそれを織り込んでいる可能性がある」

翌日、彼にはそう告げて、そのままにしていた。

図表3-2　MCJ株のVE投資一覧表

	❶	❷	❸	❹	❺
EPSの変化	→	↑	↑	↑ ↑	↓
株価の変化	↓	↓	→	↑	↓ ↓
予想PER			9.7		

図表3-3　MCJ株のあるべきPER基準表の該当箇所

先行き＼自信	かなり自信あり	自信あり	普通	不安／自信なし
急激な成長が期待できる（EPS成長率：概ね20％以上）	PEGレシオにより算定			少額の投資で様子見
かなり明るい（EPS成長率：概ね10～20％）	20倍	17.5倍	16倍	
明るい（EPS成長率：概ね0～10％）	15倍	14倍	13倍	
普通（EPS成長率：0％前後以下）	VE投資の対象外			

「トップダウン・アプローチでの銘柄入れ替え」

ちょうどその頃、中国で新型コロナウイルスの問題が発生しているというニュースを初めて耳にしたが、まさか、その後、世界中を巻き込む大災厄に発展するとは思ってもみなかった。当初はＳＡＲＳ（重症急性呼吸器症候群）やＭＥＲＳ（中東呼吸器症候群）のように地域限定・期間限定の問題と高をくくっていたのだ。

しかし、しばらく安定していたマーケットは2月下旬に突如、動揺しはじめ、３月に入ってからはパニック相場の様相を呈した。

暴落が起こると、自分自身も相当なダメージを受けるのだが、それ以上にチャンスも広がる。私は興奮していた。私の保有株式は、既に年初から30％も下落していたが、このビッグチャンスをどうモノにするか？　むしろそっちに興味が向いていた。

図表3-4　コロナショック時の日経平均株価の推移

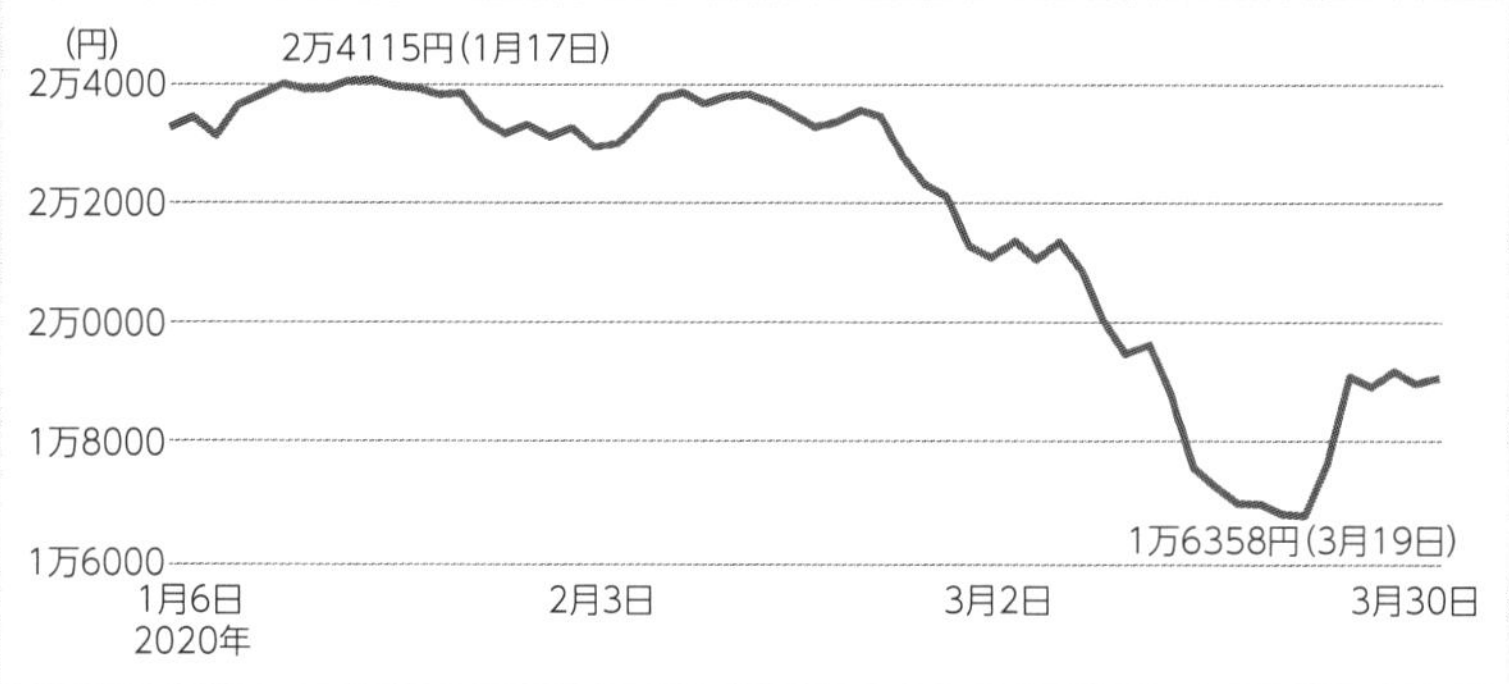

新型コロナウイルスが発生しているというニュースを初めて耳にしたとき、世界中を巻き込む大災厄に発展するとは思ってもみなかった。当初はSARSやMERSのように地域限定・期間限定の問題と高をくくっていたのだ。しかし、しばらく安定していたマーケットは2月下旬に突如、動揺しはじめ、3月に入ってからはパニック相場の様相を呈した。

まずは、トップダウン・アプローチで銘柄の入れ替えを検討した。それまでのポートフォリオ（保有株の内訳）は、ややデジタルトランスフォーメーション（ＤＸ）の関連株に偏っていた。50％近かったＤＸ関連株の保有比率を大幅に下げ、また、来るべき不況に備え、不動産関連株も早々に売却した。

当初、ＤＸは新型コロナウイルスの影響が小さい、むしろプラスの銘柄群と考えられていた。しかし、想像以上に大きな不況となった場合、企業はデジタル投資も抑えるリスクがある。また、デジタルの世界は優勝劣敗で、うまくニーズをとらえた企業が総取りする一方で、時代に乗り遅れた企業には何も残らない。新型コロナウイルスの影響で急激に普及したリモート会議システムも、Ｚｏｏｍやマイクロソフトといった米企業が需要を総取りし、日本企業はまともに戦えないのではないか。そんな心配もあって、リスクの取りすぎを嫌った。

ただ、それ以外の省エネ関連や宅配会社など、不況や行動変容がむしろ追い風となる銘柄は保有を続けることにした。

1次選考　キーワード候補を探す

トップダウン・アプローチでは、まず、核となるキーワードを書き出し、そこから順次、連想ゲームのように関連するキーワードを書き出していく。また、ネットニュースなどで意外と思ったキーワードも別途、書き出しておこう。単なるアイデア勝負ではなく、既に起こり始めた変化を裏付けとして確認するのだ。図表3－5は、それらの抜粋資料である。

次に、このキーワードをもとに投資対象を探し出す。もしかすると、定性情報をAIなどで機械的に抽出するツールが既に開発されているのかもしれないが、少なくとも個人投資家レベルには提供されていない。そこで、昔ながらのやり方で恐縮だが、私は、紙の日本経済新聞の株式欄を広げて、キーワードが多く当てはまりそうな銘柄を1つひとつ赤ペンで線を引くようなやり方を採用している。

次に、抽出されたそれらの銘柄を会社四季報で確認し、前述のMCJでやったような1次選考を実施するのである。

巣ごもり関連株としては、既にゲームやネット関連株が注目され急騰していたので、そういうど真ん中を避け、例えば、電子書籍や筋トレといった、その周辺で自分でも理解できる分野を調べた。アウトドア関連であれば、虫よけや殺虫剤。リモートワークであれば、リフォーム関連といった具合だ。

その結果、「ウイルス除去」「ホームセンター混雑」「キャンプ場繁盛」などのキーワードから、除菌スプレーや殺虫剤を販売しているフマキラーが候補に挙がった。

2次選考 投資ストーリーを組み立てる

殺虫剤については、2年前、あまりの猛暑で蚊も飛ばなくなった影響があり、当時と比べて殺虫剤関連株は大きく下落しているのを知っていた。不運は昨年も続き、書き入れ時の初夏に長雨が続いた影響で、引き続き、業績も株価も低迷している。

しかし、今後もずっと蚊も飛ばない猛暑や長雨の影響を受け続けるなんてことがあるだろうか？　むしろ、その反動上昇が期待できないだろうか？　悲観的になりすぎている天候の影響を割り引くと、この企業の実力値ベースのＥＰＳはもっと上ではないか？

図表3-5　コロナ関連のキーワード

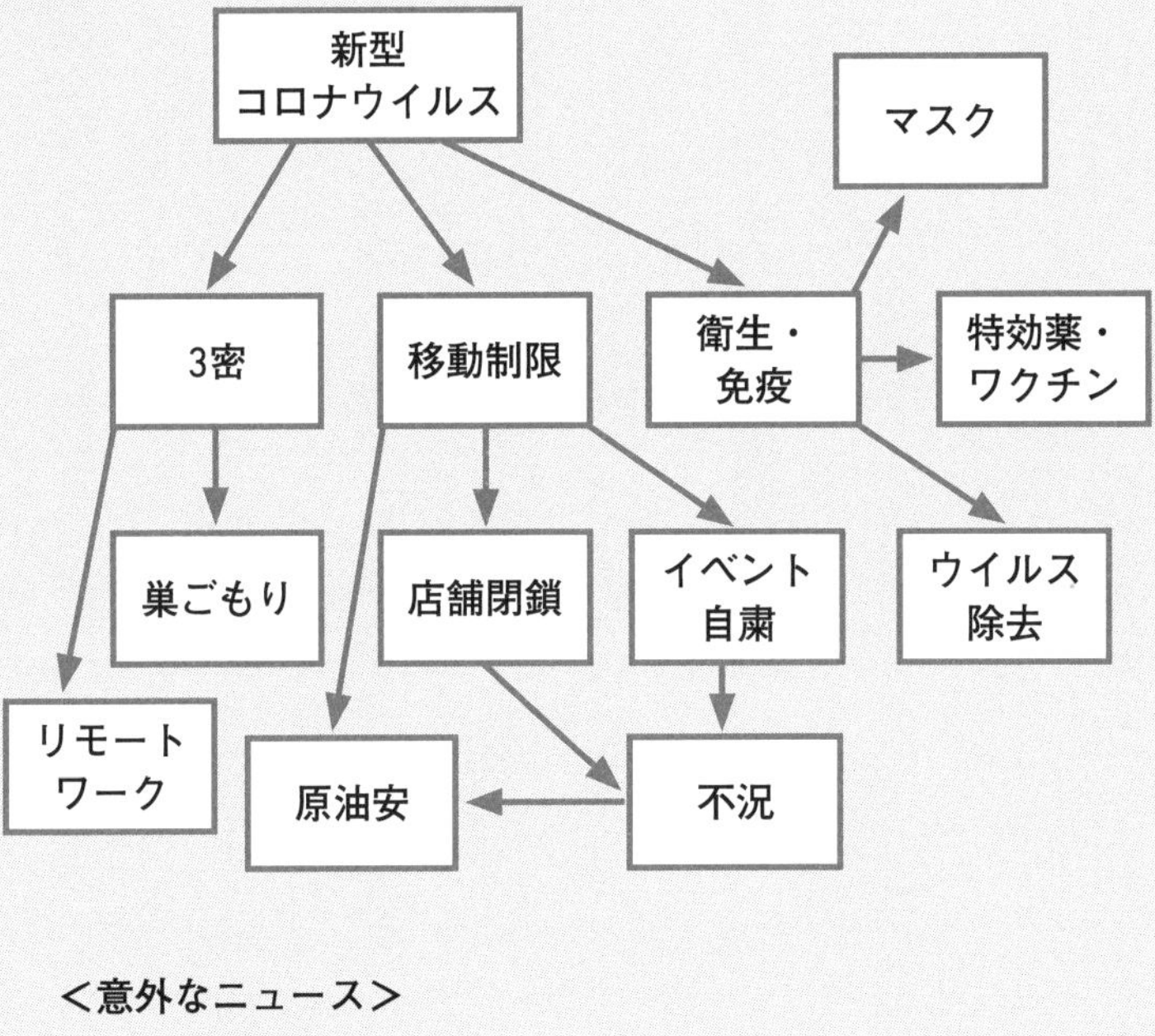

長期的な視点はどうだろう？　新型コロナウイルスは、旅行関連企業やイベント企業に深刻な影響を与える一方、浮いた余暇時間をアウトドアや園芸で過ごそうと考える人が増加しそうだ。既にキャンプ場やホームセンターでその兆候が表れている。緊急事態宣言が解除されても、この傾向はしばらく続くだろう。田舎育ちの私は、アウトドアや園芸と言われると、すぐに虫に攻められる辛さばかりを思い出す。換気が必要なので多くの店舗でドアを開けっ放しなのも虫が気になる。おそらく、殺虫剤や虫よけスプレーは、しばらくは期待してよいだろう。

店頭では売り切れが続いているウイルス除去スプレーやウイルス防止スプレーも、店舗やイベントの再開に伴い、必需品になっていくはずだ。短期的なブームではなく、中長期的な市場拡大が期待できる。

フマキラーの会社予想ＰＥＲは約60倍ととても割高にみえるが、これらの変化や昨年限りのマイナス要因などを精査すると、実力値のＰＥＲは20倍を切っている可能性が高い。

以上のように、自分なりの投資ストーリーを組み立てていくのである。

当然、これらのストーリー構築には過去の決算情報が欠かせない。最近は証券会

後送パワポ確認

図表3-6 『株探』のフマキラー業績推移画面

トップ > フマキラ(4998) > 決算　　フマキラー(4998) 決算

貸借　　フマキラの【株価予想】【業績予想】を見る

4998 フマキラー　東証2　15:00　業績 –

★ 1,820円　前日比　-21　(-1.14%)　化学

比較される銘柄 アース製薬, ライオン, 小林製薬　　単位 100株

PER	PBR	利回り	信用倍率
–倍	1.86倍	–%	4.22倍

時価総額　300億円

基本情報 | チャート | 時系列 | ニュース | 決算 | 大株主

過去最高【実績】 | 半期【予想】 | 現金収支【実績】 | 四半期累計【実績】 | 財務【実績】 | TOPへ

今期の業績予想

通期 | 業績推移 | 修正履歴 | New! 成長性 | New! 収益性 | 1Q | 2Q | 3Q | 4Q

決算期	売上高	営業益	経常益	最終益	修正1株益	1株配	発表日
			▽閉じる				
1997.03	16,769	220	-168	-489	-33.3	1	97/06/20
1998.03	16,528	184	-363	-744	-50.6	0	98/06/19
1999.03	16,231	792	383	276	18.8	3	99/05/21
2000.03	17,472	889	638	430	29.3	5	00/05/19
2001.03	18,014	319	-144	-339	-23.3	2	01/05/23
2002.03	17,044	223	-530	-1,587	-108.2	0	02/05/22
2003.03	17,195	673	228	-102	-7.0	0	03/05/22
2004.03	17,042	856	191	349	23.8	2	04/05/21
2005.03	17,198	1,061	806	599	40.1	4	05/05/19
2006.03	18,654	1,278	881	591	39.2	6	06/05/18
2007.03	20,052	1,353	983	838	57.2	7	07/05/17
2008.03	20,729	1,238	950	593	40.5	7	08/05/16
2009.03	21,261	965	575	508	34.7	8	09/05/15
2010.03	23,792	1,185	1,305	649	44.4	10	10/05/13
2011.03	23,473	633	638	287	18.0	10	11/05/13
2012.03	21,273	-961	-908	-838	-51.1	4	12/05/11
2013.03	22,556	-312	-309	142	8.7	5	13/05/10
2014.03	28,494	655	612	258	16.1	6	14/05/09
2015.03	33,308	1,447	1,562	852	61.2	8	15/05/11
2016.03	36,288	1,865	1,973	1,131	81.4	10	16/05/11
2017.03	42,362	2,277	2,407	1,387	99.8	11	17/05/12
2018.03	47,740	2,527	2,688	1,735	123.1	26	18/05/11
2019.03	41,243	1,136	1,332	693	42.1	26	19/05/13
2020.03	44,485	1,785	2,021	770	46.7	20	20/05/21
予 2021.03	–	–	–	–	–	–	20/05/21
前期比	–	–	–	–	–		(%)

『株探』 https://kabutan.jp

社のサイトや株探、ヤフーファイナンスといった投資情報サイトやアプリで、かなり詳しく過去の業績推移を見られるようになった。10年単位の長期的な業績の傾向もすぐにつかめるだろう。

投資決行　決算を何期分も読み込んで決断

しかし、より詳細となると、やはり、決算書や決算説明資料を何期分も読み込む必要がある。手間はかかるのだが、何期分も決算短信を調べて、決算データをエクセルに入力しながら、最終チェックと腹決めをするのが私のやり方だ。作業をすることで見落としを避けることができる。

このようにトップダウン・アプローチでは、割安な銘柄を丹念に調べるボトムアップ・アプローチとは異なる観点から、隠れた収益バリュー株を探し出す可能性を持つ。ボトムアップ・アプローチが割安株の中から先の明るい企業を探す方法なら、トップダウン・アプローチは、先が明るい分野から、割安株を探す方法といえる。

結局、フマキラーについては、3月末の段階では様子見と判断し、別の食品株を

図表3-7　フマキラーの株価推移

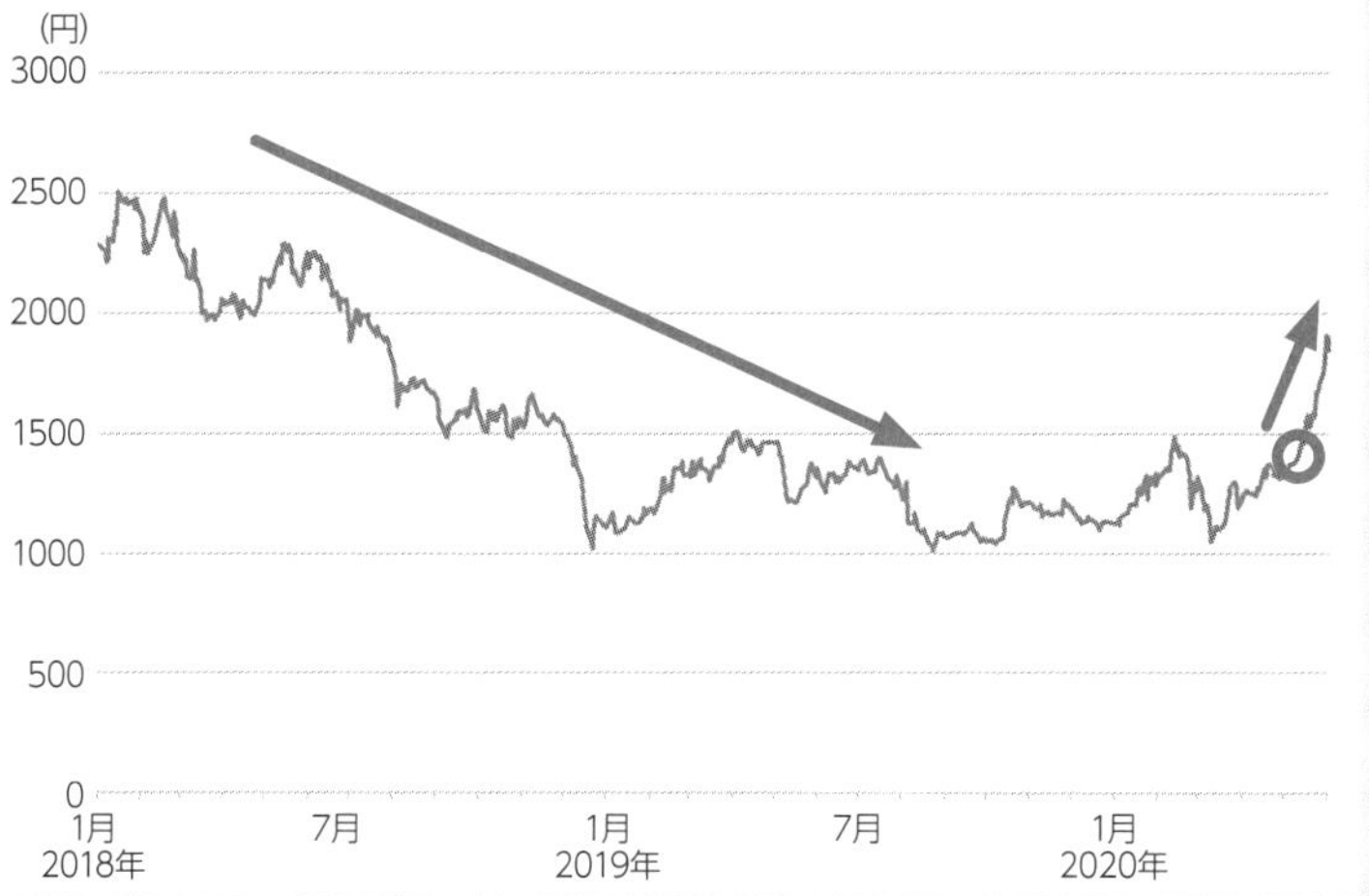

天候不良の影響などで、この2年ほど業績が悪化したが、
新型コロナウイルスの影響はむしろプラスに働くと考えた。
好調な直前決算を確認してから、1400円台で購入した。
その後は株価も順調である。

買った。しかし、その後、5月13日の上方修正を確認すると、私が考えていたよりはるかに良い決算だったことがわかった。既に上がっていたその食品株を売り、フマキラー株に乗り換えることにした。

1400円台で購入したこの株はその後も騰がり続け、2020年6月19日現在、1895円となっている。含み益は既に約30%と順調だ。

「投資ストーリーを作り上げる」

さて、そんなアプローチをしながら、正月の部下との会話を思い出していた。テレワークにはノートパソコンが必需品だ。ＭＣＪには追い風が吹いている。当時はウインドウズ7サポート停止の反動減が危惧されたが、もはやそんな状況ではない。中国からの部品供給停止を不安視してこの会社の株価も他と同様に大きく下落しているが、ホームページを見ると、積極的に販売キャンペーンを打ち出している。テレビＣＭもがんがん流れており、影響が大きいようには思えない。仮に影響があったとしても、中国は既に新型コロナウイルスのピークを過ぎ、生産再開に向かって動き出している。いずれ良くなるのは明らかだ。

ちょうど娘の学校でもリモート学習を計画しているとのことで、ノートパソコンを買いに家電量販店に入ってみた。やはり、多くのパソコンメーカーは部品供給の問題で在庫切れを起こしている。ただ、相談にくる客は後を絶たず、パソコンコーナーは「3密」に近い状態となっていた。

一時的な現象か？　持続的な変化か？

テレワークは、新型コロナウイルスが流行している今だけの一時的現象だろうか？　そうではあるまい。実際、私自身、自宅でテレワークを始めてみたが、むしろオフィスよりも仕事がはかどる。わざわざ客や関連部署のところに足を運ばなくても「ウェブ会議でも失礼ではない。むしろありがたい」というコンセンサスが取れたのは大きい。会議室よりも、プレゼンも見やすいし、プロジェクターとの接続に頭を悩ませる必要もない。リモートによって削減される移動コストや不動産コストは莫大だ。常にコストダウンに目を光らせている企業が、この変化を見逃すはずがない。ノートパソコン代なんてすぐ元が取れるだろう。

今回はあまりに緊急性が高かったため、多くの企業はまだリモートワークに対応しきれていない。家で自己研鑽をしている人や自宅の個人パソコンで仕事を余儀なくされている人も多いと聞く。リモートシフトが進めば、まだまだノートパソコンは売れるだろう。

３月中旬にＭＣＪの株価は５００円前後で底を打ち、３月末時点では６００円前後まで戻していたが、それでも正月の８００円前後からすると、25％ダウンの大バーゲン中である。ＰＥＲ９倍台でも安いと思ったのに、この状況を勘案すると、本当の実力に対するＰＥＲは５～６倍といえる。どう考えても買いだ!!

このように一般情報と特有情報から売上やコストに関する将来分析をし、論理60％、感性40％くらいの割合で、あなたなりの投資ストーリーを作り上げていくのである。

ストーリーをノートに書き残す

さて、私はずっとこのようなやり方を続けているので、わざわざノートに書き残すようなことはしなくなったが、慣れないうちは、メモ程度でいいので、１次選考と２次選考の内容を図表３－８のようなシートにまとめておくとよいだろう。ＭＣＪ株を例に記入してみた。

このメモを、恐怖と不安にかられた、かわいそうな未来の自分のために残しておくのである。保有し続けるべきか、売るべきか、重大な決断を迫られたあなたはこれを見て、きっと大切なことを思い出すだろう。

もし、その心配事が事態の深刻な変化であり、将来の売上やコストに重大な影響を及ぼすようなら、投資ストーリーは崩れる。売りだ。諦めて他に移ろう。

もし、マーケットが動揺しているだけで、投資ストーリーには何ら問題がなく、自分も一緒になって動揺しているだけならば、ホールド（保有継続）だ。むしろ買い増しを検討してもよい。まさにその瞬間こそが、ＶＥ投資一覧表における「❷ＥＰＳ↑株価↓」の状態だからだ。

もちろん、自分が立てた投資ストーリーが大きく間違っていることもある。つまり、あなたの実力も、このシートが教えてくれる。コツコツと書き残していくことで、次第に勝率向上が図れるだろう。

結局、この投資判断は正しかったようだ。２０２０年6月19日現在、ＭＣＪの株価は８７８円で推移しており、含み益は約40％となっている。

図表3-8　投資ストーリーのメモ（MCJ株の例）

企業名	MCJ	証券コード	6670
1次選考（2020.1.10）		2次選考（2020.3.25）	
EPS傾向	↑	将来性	かなり明るい
四季報予想EPS	82.6円	実力値ベースの予想EPS	100円以上
株価傾向（長期）	→	株価傾向（短期）	↑
株価	820円	株価	600円
予想PER	9.9倍	あなた予想PER	6倍
PBR	1.9倍	あるべきPER	18.0倍
投資アイデア		投資ストーリー	
・最近CMもよく見かけるようになったマウスコンピュータが主力。コスト競争力あり。 ・パソコンの製造販売というと米国デルコンピュータの成長期を思い出す。 ・業績拡大に株価上昇が追いついておらず、バリューは拡大傾向。 ・2021年3月期は、昨年のウインドウズ7のサポート終了の反動が出る恐れあり。		台風被災などの一時的要因を差し引き、リモートワーク拡大の好影響を勘案すると、実力値ベースの予想EPSは100円以上はある。 ただ、同社は収益が大きいと、広告宣伝費を拡大し、利益を抑える傾向があるので注意。長期的には、パソコンはやや耐久性が高く、景気変動の影響を受けやすい。為替の影響もあり、その分は割り引く必要あり。あるべきPERは18倍程度か。 目標株価＝実力値ベースの予想EPS100円×あるべきPER18倍＝1800円。600円で買えば3倍高が狙える。	

図表3-9　MCJの株価推移

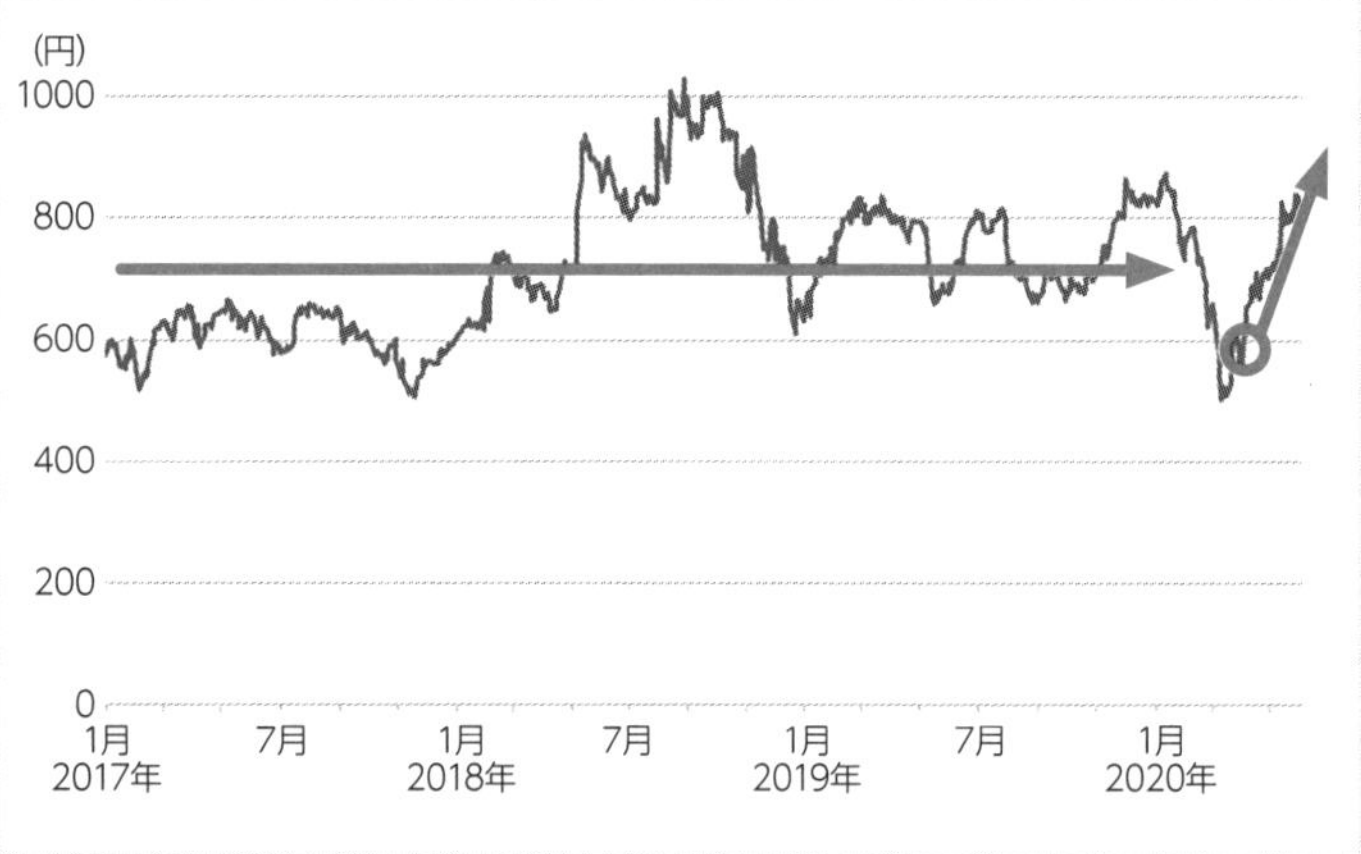

2017年から約3年間、株価は横ばいである。
しかし、この間、業績は好調で、EPSは51.7円（2017.3）から76.7円（2020.3）へと1.5倍に増加している。
新型コロナウイルスの影響で下げたこの株を買い向かった。
その後も株価は順調に推移している。

第4章

VE《バリューエンジニアリング》投資の5原則

「エナフン先生、質問があります。ＶＥ投資法を成功させるために何か条件はありますか？」

この章では、こんな疑問に答えたい。既に説明した通り、10％や20％の上昇狙いでは誤差に埋もれて、自分が何をやっているのかすら、わからなくなってしまう。上昇率は最低でも１００％、つまり、２倍高以上を狙ってほしい。

もちろん、２倍高が１か月や２か月で達成できると考えてはいけない。稀にそういうことも起こるが、保有期間は３～５年を想定すべきだ。

ＶＥ投資法では、２倍高以上を狙い、時間軸は３～５年が大前提となる。

原則1 ２倍高以上を狙える株のみを買う

株式投資の上昇要因を「利益成長」と「割安さの解消」の２つに絞り、両面から合理的な計算により、２倍高以上が狙える株のみを買うようにする。

例えば、年率10％成長が見込める株がＰＥＲ10倍で売られていたとする。もし、この株を４年間保有し続ければ、１・１×１・１×１・１×１・１＝１・46倍が利益成長により見込める計算となる。

また、このような先の明るい株に対して、PER10倍は低評価すぎる。少なくとも、上場企業平均の15倍近い評価があっても良い。割安さが解消されるとすると、
15÷10＝1・5倍が狙える。
ということは、利益成長と割安さの解消を合わせると、

上昇期待値＝（利益成長4年分）1・46×（割安さの解消）1・5＝2・2倍

という計算ができる。
この数字が2倍を超えると合格ということになる。

原則2　3〜5年の長期保有

併せて、時間軸を3〜5年に設定することを忘れてはいけない。企業の成長は時間がかかるものだし、人々の低評価が一変するにも時間がかかる。

時々、株の購入が完了すると、必死になって、SNSや掲示板でアピールする人を見かける。もちろん、表現の自由を奪うつもりはないが、少しでも早く上がって

ほしいという気持ちは焦りにつながる。結局、その頑張りが虚しいとわかると、諦めて売却したくなる心理に変わる。

最初から、「どうせしばらくは上がらん」くらいの気持ちで、気長に持ち続ける覚悟が大切だ。もし、1年経っても2年経ってもちっとも上がらないようなら、「❸EPS↑株価→」の状態が続いたことになり、さらにバリューはアップする。あなたは、よりお得度の高い株を保有していることになる。つまり、業績が順調なら、なかなか上がらないという理由だけによる売却は絶対に避けたい。

ただし、3～5年は保有しなければならないという話ではない。運よく、半年ほどで目標株価に達成したなら、さっさと売っていただいて一向に構わない。既に割安さが解消され、何年か分の成長も織り込まれてしまったなら、そこから先は、勢いを重視するモメンタム投資家か、すべてを押しなべて買うインデックス投資家くらいしか買いが期待できない。おそらく他を探せば、もっと良い株を見つけられるだろう。

逆に3～5年で売らなくてはいけないという話でもない。投資先企業が競争力をつけ、先行きがどんどん明るくなるようなら、何年保有したって構わない。

足元の小さなアップダウンではなく、遠くの山を見る

「2倍高ですって!! そんなに儲かったら、もちろん超嬉しいけど、そんな大化け株、私に見つけられるかしら」

そんな心配は必要ない。ヤフーファイナンスなどで、様々な企業の、過去10年ほどの株価チャートを調べると良い。上がり出すと3〜5年で2倍高になった株なんて、いくらでも見つけることができる。すごく上がった株なら10倍高なんていうのも、簡単に見つけられるはずだ。株というものは、そのくらいの変動幅で動くということをしっかりと認識したい。

では、過去なら簡単に見つけられるのに、未来になると急に難しくなるのはなぜか?

1つには、株を持つと「今日はいくら上がったか?」とか「為替が大きく動いた」などと、日々の変動や短期的な外部環境にばかり意識が向かってしまうからだ。これらの大半は長期的にはただのノイズである。そんなものに意識を取られると、

かえって見るべきものが見えなくなってしまう。

あなたの焦りやいらだちを凄腕短期トレーダーや仕手筋は狙っている。あなたは彼らにいともたやすくカモにされることになる。

遠くの山を見る感覚で、足元の小さな下り坂や回り道に気を取られてはいけない。時間軸を3～5年に設定するというのはそういうことだ。


そうは書いたが、理屈は理解できても、これが本当に難しい。そこで、まずは、以前、私がブログに書いた次の記事（一部修正）を読んでいただきたい。

こんなイメージで1億円を目指そう

長期投資とはどういうことか？ なかなかイメージがつかめない人のために、2つの人生シナリオを用意しました。参考にしてください。

シナリオ1は、一生懸命サラリーマン人生を生き抜いて、マイホームも手に入れ、まぁ、普通に苦労しながらも幸せな人生。つまり、今のあなた。

シナリオ2は、たまたま32歳の時にこの本を読んでしまい、ちょうど買おうと思っていた300万円の新車のミニバンを諦めて、100万円の中古車で我慢し、浮いた200万円で長期投資を始めた人生（ただし、それ以外はシナリオ1とまったく同じ）とします。

32歳のあなたは、私が言う3〜5年で2〜3倍高が狙える銘柄を探しました。よくわからないけど、AIや5G、量子コンピュータなど、どう考えても今後3〜5年で大変動が起こりそうなIT業界に的を絞って、銘柄を調べてみたところ、年率20％程度の利益成長を中期経営計画に掲げているPER14倍ほどの銘柄を見つけることができました。

年率20％ということはざっと4年で1・2×1・2×1・2×1・2≒2倍が狙えます。このくらいの成長企業がPER14倍というのはまぁ割安と言えるでしょう。本当に20％成長を4年も続ければ評価水準が変わりPER21倍くらいまで買われることも十分期待できます。つまり、運がよければ、評価水準の是正により、さらに×1・5倍で3倍高も可能です。「よし、この銘柄を買おう」。

同じように調べていくと、年率10％成長が期待できるものの、ＰＥＲ6倍とかなり割安な銘柄を見つけました。配当利回りは2％なので、成長率10％＋配当2％＝年率12％で資産を増やしてくれそうです。計算すると4年でざっと1・5倍高が狙えます。さらにＰＥＲ6倍は安すぎます。どこかで修正されてＰＥＲ12倍もあり得ると考えました。成長1・5倍×割安さの解消2倍＝3倍高も狙えます。「この銘柄も買おう」。

また別な銘柄は非常に成長力が高く、年率30％成長も狙えそうです。ＰＥＲは25倍と割高にも見えますが、計算すると本当に30％成長が続けば、4年でざっと3倍高が狙えます。「これも買う」。

こんな風に成長＋割安さの観点から3～5年で2～3倍が狙える株を5銘柄ほど購入し、あとは奥さんと2歳の子供と幸せに暮らします。

さて、それから4年。自分は36歳。子供が1人増え、4人家族になりました。上の子供が小学校に入学しようということで、将来の学費を考え、証券口座を確認しました。狙い通り2～3倍に上昇した株もあれば、期待外れでまったく上がらなかったものもあります。ただ、「PER25倍はちょっと高いかな」と思って買った3番目の株が想像以上に大当たりで、株価は5倍高。結局こいつが効いて、狙い通り資産は2・5倍の500万円になりました。「1億円はまだまだ遠いな…。けど300万円も儲かっちゃった。ラッキー」。このタイミングで一部の株式を売却し、4年前と同じ要領で、銘柄の入れ替えを行いました。「よし。次はこの布陣で資産を2～3倍にするぞ!!」。

それから4年。40歳になったあなたはローンでマイホームを買い、小学4年生と小学1年生の2人の子供と幸せに暮らしています。証券口座をのぞいてみると、やはり、成功・不成功いろいろあるけれど、トータルでは財産が2・5倍に増えて、1250万円になっています。振り返ってみると8年間はあっという間でした。「あの時、新車を買わずに中古車で我慢してマジ良かった。1000万円も儲かっちゃった!!」。

さらに4年後。44歳のあなたは中学2年生と小学校5年の2人の子供と忙しく暮らしています。ある日、同僚から「うちの給料じゃ、子供が2人もいると、とてもじゃないけど贅沢はできないよね…」などと愚痴を聞きました。あなたは「そっ、そうだね」などと答えながらも、内心ほくそ笑んでいます。「俺3000万円以上持ってるもんね」。

こうなると株式投資が楽しくて仕方ありません。一生懸命銘柄探しをすることが完全に趣味です。「ひょっとすると、俺も、1億。行くんじゃね？」。

あれから18年。アラフィフになったあなたはついに夢をかなえます。「本当に1億円作っちゃったよ。俺」。上の子は大学に入り、下の子も大学受験。一番お金がかかる時期ですが、まったく問題ございません。老後の心配もいりません。1億円はパワーがあります。

「(これまでもハワイやグアムには時期をずらして中の上クラスのホテルで我慢して格安旅行には行ったけれど)今回は奥さん孝行もかねて贅沢にヨーロッパにでも行ってみるか。配当も250万円入ったし…」。同僚たちはあなたの変化に驚きます。「お前、カネ持ってんなぁ。どうしたの？」
「いや、株でちょっと…」

どうですか？ シナリオ2、悪くないでしょ？

目標は手に届くか届かないくらいがちょうどいい

ビジョンを持つことは重要だろう。この物語では金融資産1億円というビジョンを強調した。普通に暮らしていたのでは、まず手に届かないレベルだが、株の世界では、SNSや掲示板、雑誌などで、頻繁に目にするレベルでもある。野村総合研究所の発表によれば、2017年現在、日本国民の約2・3％、127万世帯が、金融資産を1億円以上保有し、富裕層と呼ばれている。

すべての読者に「1億円を目指せ」などと言うつもりは毛頭ない。あなたにはあなたの長期ビジョンがあるはずだ。「まずは1000万円」というのも悪くない。ただ、少し高めのところに目標をおくことは重要だ。VE投資法はお金持ちになるための投資法であり、その目標は手に届くか届かないかくらいのところがちょうどよいだろう。

十分な時間軸を用意し、ドライバーにとっての車の運転のように、株式投資を自然で身近な存在にすることができれば、少し高めと思っていたはずの目標も、気がつけば、意外と達成してしまう人は多いはずだ。「俺も1億。行くんじゃね？」。こんな感じである。ただ、1年や2年ではない。10年とか20年といった単位である。

原則3　5〜10銘柄に集中投資する

さて、先ほどの物語では、お父さんは厳選した5銘柄に集中投資する投資スタイルで1億円を達成した。ウォーレン・バフェットやピーター・リンチといった著名投資家も、5〜10銘柄に集中投資することの重要性を強調している。かくいう私も5〜7銘柄くらいに厳選する投資スタイルで、ここまで何とか財産を増やすことができた。

1銘柄や2銘柄では、リスクが高すぎる。一方で、50銘柄とか100銘柄となると、そんなにたくさん面倒見切れないし、もし、中に大当たりが混じっていても、他が足を引っ張ってなかなか財産を増やしてくれない。集中しつつ、分散する、というのがミソである。

資金が少ないうちは分散を諦めて集中を優先

「エナフン先生、質問です。私は30万円しか資金を充てられませんが、それでも5～10銘柄に分散する必要はありますか？」

ここまで書きながら、自分のことを先生呼ばわりするのもどうかとは思う。どうかとは思うのだが、実は私にとって、エナフン先生は自分であって自分でない。ブログや本で作り込んできた、もう1人の理想の投資家像である。現実の私はそこまで超越した存在ではない。悩み苦しみながら30年以上株式投資を続けてきた、ただの会社員である。

すぐに迷い、すぐに有頂天になり、失敗を繰り返し、何度も何度も参考になりそうな本を読んで、そのたびに、「そうだった。本当はこうあるべきだった」などと思いながら、頑張ってきた。その「本当はこうあるべきだった」という理想の姿がエナフン先生なのである。そんな風に読んでほしい。

質問に戻るが、「もし、こんな質問を受けたら、エナフン先生ならどう答えますか？」。そんな気持ちで、少し考え、少し調べると、次のような回答が降りてくる。

資金が少ないうちは分散を諦めて、集中を優先しよう。分散投資は守りの戦略だ。既に成功を収めたお金持ちにとっては非常に重要な考え方といえる。だが、まだ資金力に乏しい挑戦段階では、一点突破もやむを得ない。まともに戦えないレベルに戦力が不足している時、歴史上の英雄たちは皆、守りではなく、攻めを優先した。桶狭間で織田信長が少数の精鋭たちを連れて、敵本陣に突入したように、選び抜かれたあなたの自信株で一点突破を目指そう。

今のあなたにとって30万円は大金かもしれないが、それが余裕資金であるならば、人生というくくりにおいては、あってもなくても大差がないレベルだ。仮に失敗しても、海外旅行に行ったら暴風雨で散々な目にあった、くらいに思えばよい。

原則4　先の明るい企業にだけ投資する

ウォーレン・バフェットは言う。「ビジネスが好調なら、やがて株価はついてくる」。

多くの人が、バフェットはバリュー投資家と思いこんでいるようだが、彼のことを詳しく調べれば、彼はグロース投資家でもあることがよくわかる。彼自身は、グロース投資もバリュー投資も同じものと考えており、成長企業を適切に買うことが重要だと考えているのだ。

結局のところ、株価がついてくるかどうかは、ビジネスの好調さにかかっている。私もずいぶんバリュー投資を研鑽してきたし、実践もしてきたが、この思いは年々強くなっている。

市場は成長を高く評価し、停滞を嫌う。これは資本主義の掟のようなものだ。資本主義社会においては、成長こそが絶対の善であり、「株式市場は世界の成長を促進する装置」であると庞大な人が信じて疑わない。この秩序が崩れない限り、バリュー投資といえどもグロース投資の要素を無視してはいけない。十分な割安さと十分な成長要素の2つが重なり合って初めて、市場からの評価が得られるのである。

混乱期にはVE投資一覧表を考え直す

さて、そうなると、VE投資一覧表も少し考え直す必要がある。

つまり、EPSの変化における矢印が上向きの❷❸❹のみが投資対象となるのだ。

いったんは❶と❺は見合わせたほうがよいだろう。

ただし、一見❶や❺にしか見えないものの、実は経営者が何とか会社を立て直そうと必死で構造改革に取り組んでいる、ということもある。もし、構造改革が成功すれば、低評価から高評価へと市場の見方が一変し、しかもＥＰＳが急激に回復するため、想像以上の大化け株になる。

ちょっとした探索のコツなのだが、株式市場が混乱して暴落したり、大きく調整したりした時には、❷❸❹から素直に割安成長株を探すと良いだろう。普段は高値で手が出せない実力株の価格も過剰反応で下がるので、驚くほど割安に買うことができるチャンスだからだ。一方で、株式市場が安定してくると、成長企業の株価は上昇して割安に買う機会はどんどん減ってくる。そうなると、今度は❶〜❺を差別することなく、丹念に調べる作業が有効である。

混乱期に集中的に❷❸❹で見つけ出した厳選株は、その後、株価が上昇し、割安さが薄まったとしても、経済が安定してくると、利益成長も期待以上に進むケースがある。この場合、下手に知らない株に手を出すよりも、長く保有している企業の株のほうが、その会社に対するあなたの知識レベルが深まっているため、様々なリスク

図表4-1　市場混乱期における探索範囲

	❶	❷	❸	❹	❺
EPSの変化	→	↑	↑	↑↑	↓
株価の変化	↓	↓	→	↑	↓↓
予想PER					

株式市場が混乱している時は、VE投資一覧表の❷❸❹から素直に割安成長株を探すと良いだろう。普段は高値で手が出せない実力株を驚くほど割安に買うチャンスだからだ。一方で、株式市場が安定してくると、成長株を割安に買う機会は減ってくる。そうなると、今度は❶〜❺を差別することなく、丹念に調べる作業が有効である。

に対応できる可能性が高い。そこで、すっかりお馴染みとなったお気に入りの株をできる限り長く保有しながらも、もし、もっと有望な不人気成長株や業績回復株を見つけることができたなら、一部を売却し、そっちに乗り換える戦略が有効である。

原則5 ボーナスポイントになりそうな材料を探す

バリュー投資家が最も注意を払うべきは、バリュートラップと呼ばれる、いつまで経っても株価が上がらない現象だ。このための第一の工夫は、VE投資原則1の「2倍高以上を狙える十分な割安株のみを狙う」。次の工夫がVE投資原則4の「先の明るい企業だけに投資する」というわけだが、できればダメ押しが欲しい。「最近始めた新しい事業が少しずつ注目を集めている」とか、「海外展開を始めて3年経つが、ようやく収益に貢献しそうだ」といった、プラスαの材料が欲しいのだ。それらが良い方向に転ばなくても2倍高以上は狙えるのだが、うまくハマるようなら、3倍高、5倍高も夢ではない銘柄を見つけ出したい。私はそのような成長の卵をボーナスポイントのように扱い、評価を1つ上げることにしている。

第3章で説明したように、あなたは1次選考で候補銘柄を複数マークし、2次選考で最も有望な銘柄を抽出しようとしているはずだ。その際、甲乙つけがたい2銘柄が残ったとする。もちろん、両方買っても構わないが、資金力がないのであれば、このボーナスポイントの差で最終判定をすると良いだろう。

短期トレーダーが囃すテーマは消えていく

一点、注意してほしいのは、ここでいう材料は、短期トレーダーが囃し立てるような、時流にマッチしたテーマ性のことを言っているわけではない。そういうテーマ性だけで一時的に買われた株が、その後、本当に成長できたという現象を、私はほとんど知らない。バイオ系ベンチャーの世界を変えそうな薬、ドローンや3Dプリンターといった目新しい海外技術、世界的な巨大企業との業務提携話など、よく調べると大した話ではないのに、大騒ぎして盛り上がるだけ盛り上がって、その後は何事もなかったかのように、世の中から忘れ去られていく。

そうではなく、あくまで、事業性の伴う成長の卵を、ここでは材料と言っている。

以上VE投資における5原則をまとめると図表4－2のようになる。

図表4-2　VE投資の5原則

原則1　2倍高以上を狙える株のみを買う

原則2　3～5年の長期保有

原則3　5～10銘柄に集中投資する

原則4　先の明るい企業だけに投資する

原則5　ボーナスポイントになりそうな材料を探す

第5章

VE《バリューエンジニアリング》投資の成功と失敗

実践で得たノウハウと教訓

ここまでの解説でＶＥ投資法の概要はご理解できただろうか？　もしかすると、投資に詳しい方の中には「あれ？　まだ、あの論点が語られていないよ…」と心配になっている方もいるかもしれない。

しかし、子供の頃、音楽を勉強したときのことを思い出してほしい。あなたはいきなり五線譜を精緻に勉強するところから音楽に入っただろうか？

そうではあるまい。おそらく、まずは歌ったり、楽器を弾いたりしながら、ドレミファソラシドを覚え、その後、フラットやシャープといったより詳細を覚えていったはずだ。

人間の脳はいきなり複雑なことを言われても頭に入らない。順番が大切だ。ドレミファソラシドを完全に理解した上で、次にシャープやフラットを教えられれば頭に入れられるものを、いきなり、ド、ド♯（レ♭）、レ、レ♯（ミ♭）、ミ、ファ…と精緻に教えられると何が何だかわからなくなる。

そこで、本書も、まず概要から入り、次第に詳細に進むという構成になっている。楽器を演奏したり、歌ったりしながらでないと音楽をモノにできないのと同様に、株式投資も、実践の中で体得するのが一番早い。

そこで本章では、私の経験した実践例を紹介し、その中でＶＥ投資の重要なポイントをいくつか説明したい。

成功例❶

ディーブイエックス 小さすぎる株。大きすぎるバリュー

2008年は9月にリーマン・ショックが発生し、株式市場はまさにボロボロの状態だった。特に小型株はひどい有様で、素晴らしい成長株がPER10倍を大きく割り込み、驚きのバーゲン価格で売られていた。

心臓ペースメーカなどの医療機器の販売を手掛けるディーブイエックス（DVx）もそんなバーゲン株の1つだった。私はこのDVx株で10倍高をゲットする成功を収めることができた（図表5－1）。

当時、DVxの会社予想PERは実に5倍を切っていた。ところが、業績は順調そのものである。

図表5－2は当時の決算説明資料にあったDVxの売上高推移だが、創業以来20年以上もの間、ほぼ一貫して増収増益を続けている。このような素晴らしい成長企

図表5-1　DVx株への投資と売却

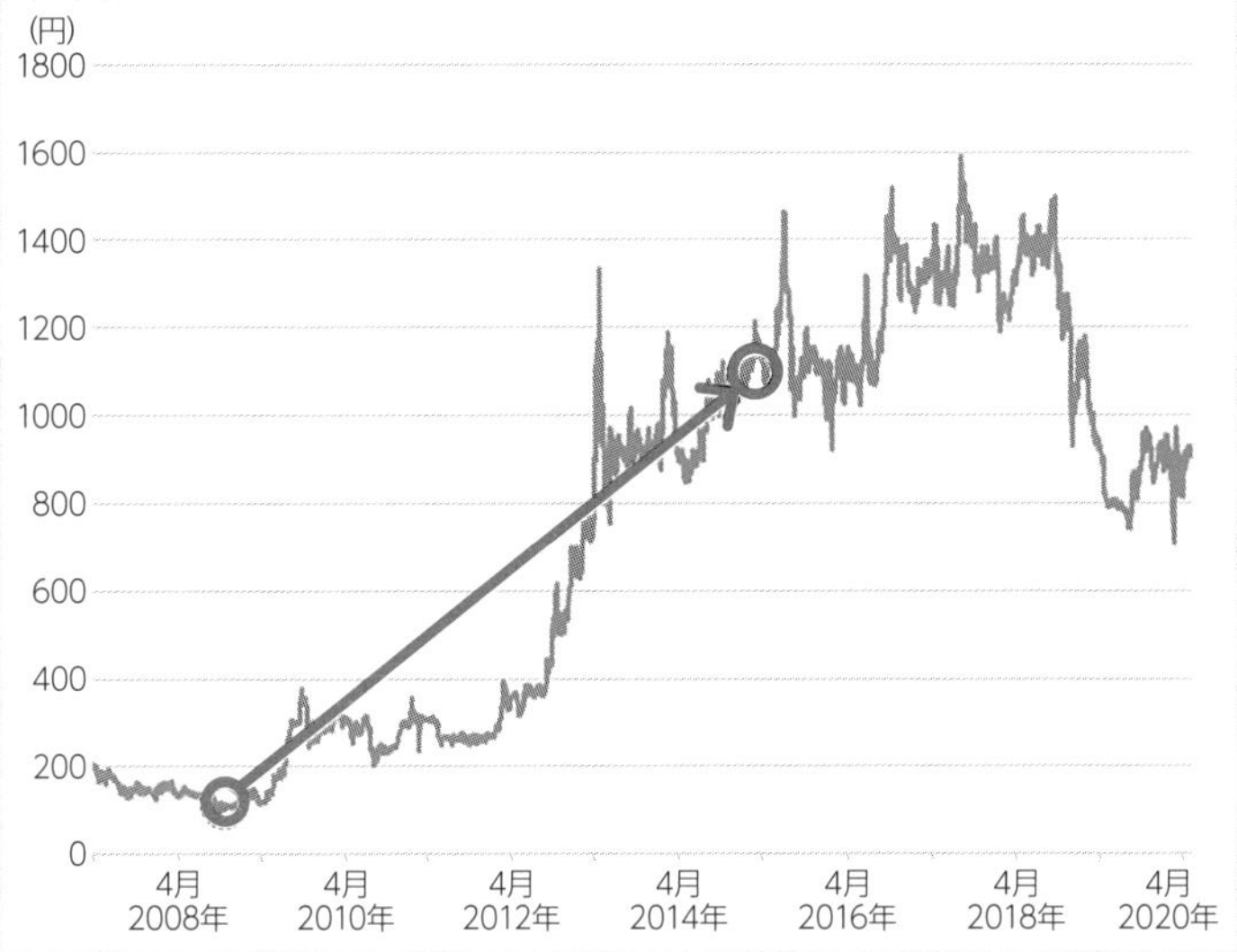

私は、ジャスダックに上場したばかりで、時価総額12億円ほどの超小型株であるDVx株を買い集めた。
堅実な経営で業績は右肩上がりを続け、2014年9月に東証1部に上場するのを見届けて、この株を売却した。
10倍高！俗にいうテンバーガーである。

業が、この安さはおかしすぎる。ＶＥ投資基準で説明すれば、図表5－3のような感じである。

ブログや雑誌でこの銘柄への投資例を紹介すると、「2008年にはそんな馬鹿なことがあったんだ!! 私もそんな時代に株式投資をしたかった」などと感想をいただくことがあるが、新型コロナウイルスのおかげで、2020年3月にも同じような状態が発生していた。皆さんはお宝株を買えただろうか?

短期トレードの流行で生じた株価の歪み

小型成長株がここまで叩き売られていたのはリーマンショックだけが原因ではない。厖大な人々の評価にさらされない小型株は、世相や流行りの投資法の影響を強く受ける。「インターネットが世界を変える」という風潮が高まることで、まだまともに利益も出していない夢だけのネット企業をあり得ないレベルの高値に押し上げることもあったし、チャート理論が大流行した時は、「明けの明星」や「三尊天井」といった古典的な上昇シグナルや下降シグナルが至る所で点灯し、そのたびに、暴騰や暴落を繰り返していた。

図表5-2　DVxの売上高推移

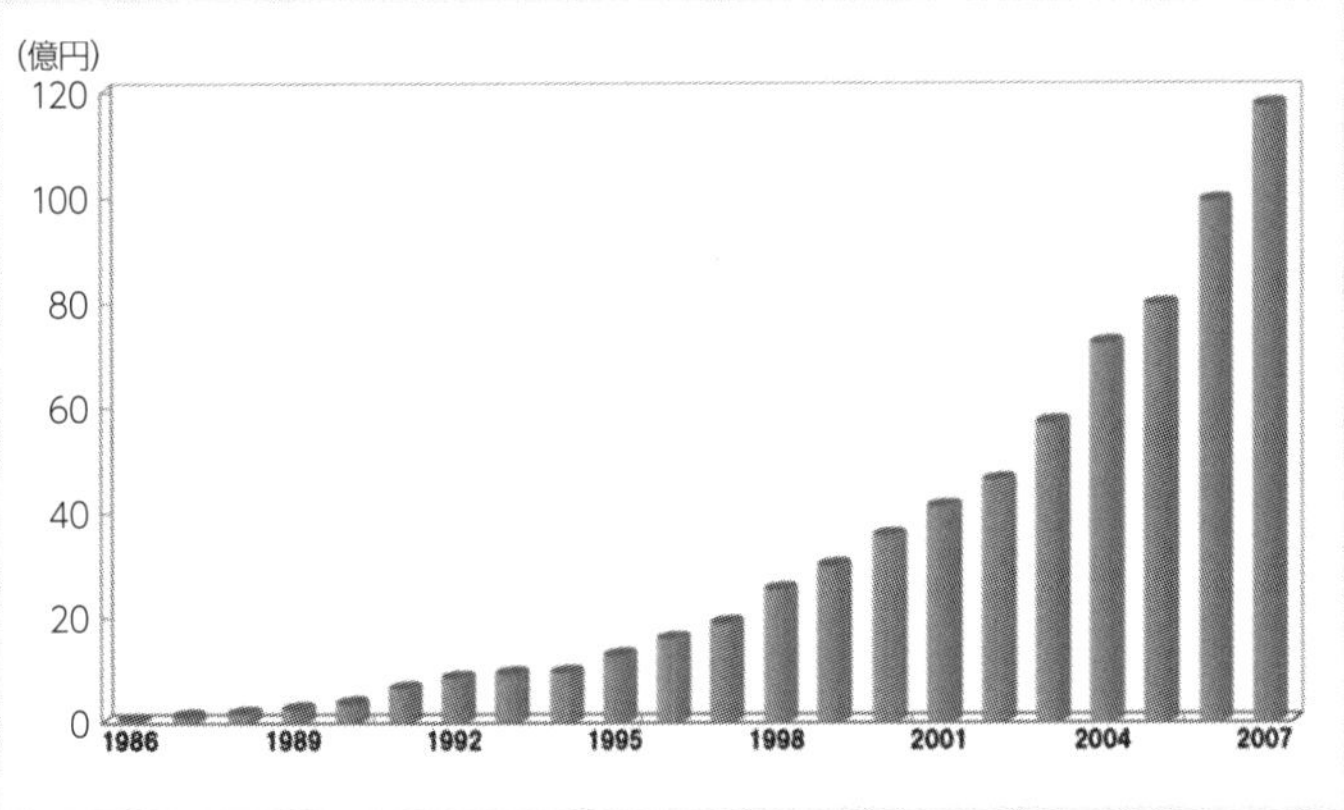

DVx公式サイト「2008年3月期決算説明資料」から

図表5-3　DVx株のVE投資一覧表

	❶	❷	❸	❹	❺
EPSの変化	→	↑	↑	↑ ↑	↓
株価の変化	↓	↓	→	↑	↓ ↓
予想PER		4.8			

2008年当時は短期トレードが大流行りで、彼らは株価が10%下がると必ず売るといった損切り（ストップロス）ルールを徹底していた。ところが、この損切りを狙って相場操縦的に株価を叩き落とし、空売りで大儲けするという新たな手法が開発され、浸透し始めていた。いわゆる「ストップ狩り」である。相場操縦は大型株では難しいが、出来高の少ない小型株では、それほど大金を用意しなくても、簡単に株価を動かすことができる。当時は監視も甘く、至る所でうさんくさい値動きが発生していた。尨大な人の目も秩序も存在しなかったのである。

気がつくと、私は、ブログ「エナフンさんの梨の木」の中で、小型株の呆れた現状を次々とネタにして、人々にまっとうな投資を呼びかけていた。

実は私は大学時代、当時、証券市場の整備に尽力していた故・蝋山昌一教授のゼミを取った。証券市場を整備することが日本経済を発展させるために非常に重要なこと、人々が企業に対して正しい評価をすることで、初めて市場が機能すること、そのためには多くの人が基本的な投資の知識を得る必要があることなど、大切なことをたくさん教えてもらった。

しかし、そのどれもが、おかしな方向に進んでいる気がして、「何とかしなければいけない」という思いが強まり、ついに、この年の5月に投資ブログを立ち上げたのである。

実のところ、私自身は株で大儲けすることよりも、むしろ投資の正しい知識を広めることに興味がある。当初はジャスダックなど新興市場の整備に尽力された蝋山先生の想いを叶えたかったのだ。しかし、その私が株で負けっぱなしでは説得力がない。そこで、ブログ開設後はそれまで以上に真剣に投資に打ち込んだ。結局、そのご褒美が何億円にもなって返ってきたのである。

成長の構造を調べる

さて、話をＤＶｘに戻すと、リーマンショックで世界的な大不況が広がる中、その影響をまともに食らう景気敏感株は買いにくかった。そこで、大量に安値で放置されている割安小型株の中から、特に需要の安定している医療関連株に目をつけ、1つひとつ調査を繰り返した結果、この銘柄に巡り合えたのである。

創業者である若林誠氏は、裸一貫でこの会社を立ち上げ、医療用機器やその関連商品の販売をひたすら頑張ってきた営業の人である。実は私も若い頃、ある新事業分野で開拓営業を長年担当させられたことがある。新しい考え方を提案しながら、新商品を売り込む開拓営業は、非常に骨が折れるものの、一度売り込みに成功すればば、しばらくは優先的な販売が可能となる。

だから業種は異なるものの、この会社が行う医療用機器の開拓販売ビジネスは、私にとってイメージしやすかった。まだ小さなこの会社は、販売拠点を全国に拡大することで、売上を伸ばす戦略だ。マクドナルドもセブン‐イレブンも、ユニクロもニトリも、販売拠点を全国に拡大する過程で急成長し、株価を急上昇させた。

成長株を分析する際、最も重要なのはその成長構造を知ることだ。そして、販売拠点の拡大くらい当てになる成長構造は他にない。世界の均一化・同質化はこうして進むのである。

私は100円前後（その後、株式分割があったため、2020年5月末現在の株価を基準に修正）でこの株を買い集め、ずっと持ち続けた。株主には毎年、営業マンの体験談をまとめた1冊の本が送られてきた。これを読むとますますこの会社の事業構造が理解でき、安心して保有し続けることができた。

10倍以上の上昇後に売却

結局、新興市場であるジャスダックに上場していたこの会社は、２０１４年９月にめでたく東証１部上場企業となり、一流の仲間入りを果たした。ＥＰＳは２００９年３月期に25・４円だったものが６年後の２０１５年３月期には81・６円と３・２倍に増え、ＰＥＲもあり得ない低評価の５倍前後から平均レベルの16倍前後へと修正されたため、株価は10倍以上の大化けとなった。ようやく適正なレベルまで株価が上がったと判断し、私はこの株を売却することにした。

図表5-4　DVx株のVE投資分析

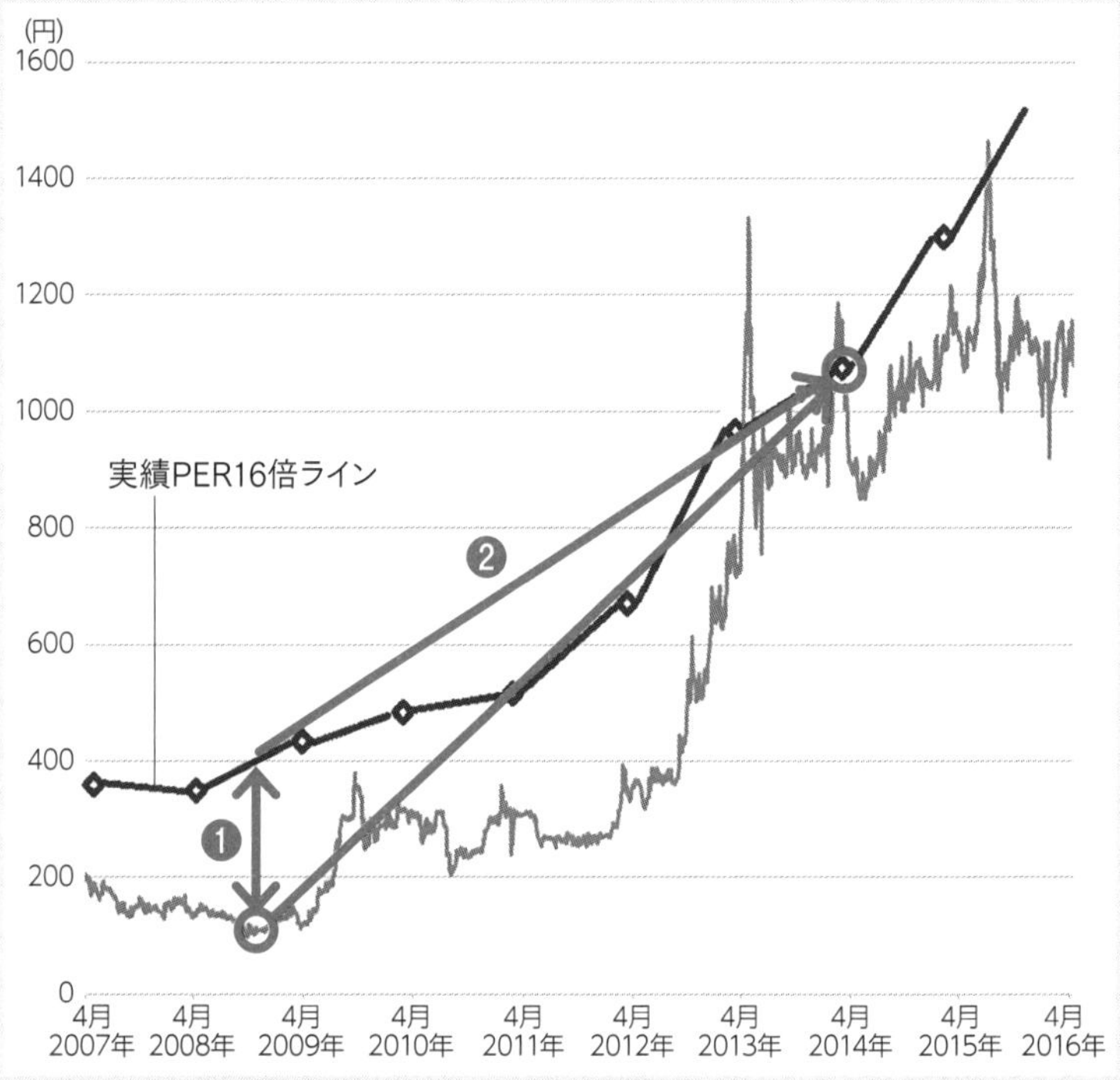

❶ VE投資基準に従えば、私の投資時点で株価100に対して、本質的価値は350円以上が見込めたため、それだけで3.5倍が狙えた。

❷ 加えて、保有期間中にEPSが25.4円から81.6円へと3倍以上拡大した。

❶と❷が合わさって、5年がかりで10倍高を取ることができた。

成功例❷

ウィルグループ 景気拡大期に景気敏感株で勝負

ＤＶｘを売却し、まとまったカネができた私は、次の購入候補先を会社四季報で探索していた。この年２０１５年は、２０１３年にスタートしたアベノミクスが既に大きな成果を上げ始め、日本国内の景気は順調に回復していた。こうなると、ＤＶｘのようなディフェンシブ株よりも、より景気の影響を受けやすいシクリカル株（循環株）の中に有望株が期待できる。探索の軸をそちらに移すと、ある新興の人材派遣会社に目が留まった。ウィルグループである。

まず、図表５－５のチャートを見てもらいたい。株価は２０１３年12月19日の上場直後の終値３３２円（その後、株式分割があったため、２０２０年５月末現在の株価を基準に修正）から下がり、２００円を割ったあたりを底に反転している。私は２０１５年２月ごろからこの株を買い始め、平均買値は３２０円前後だった。

図表5-5　ウィルグループ株への投資と売却

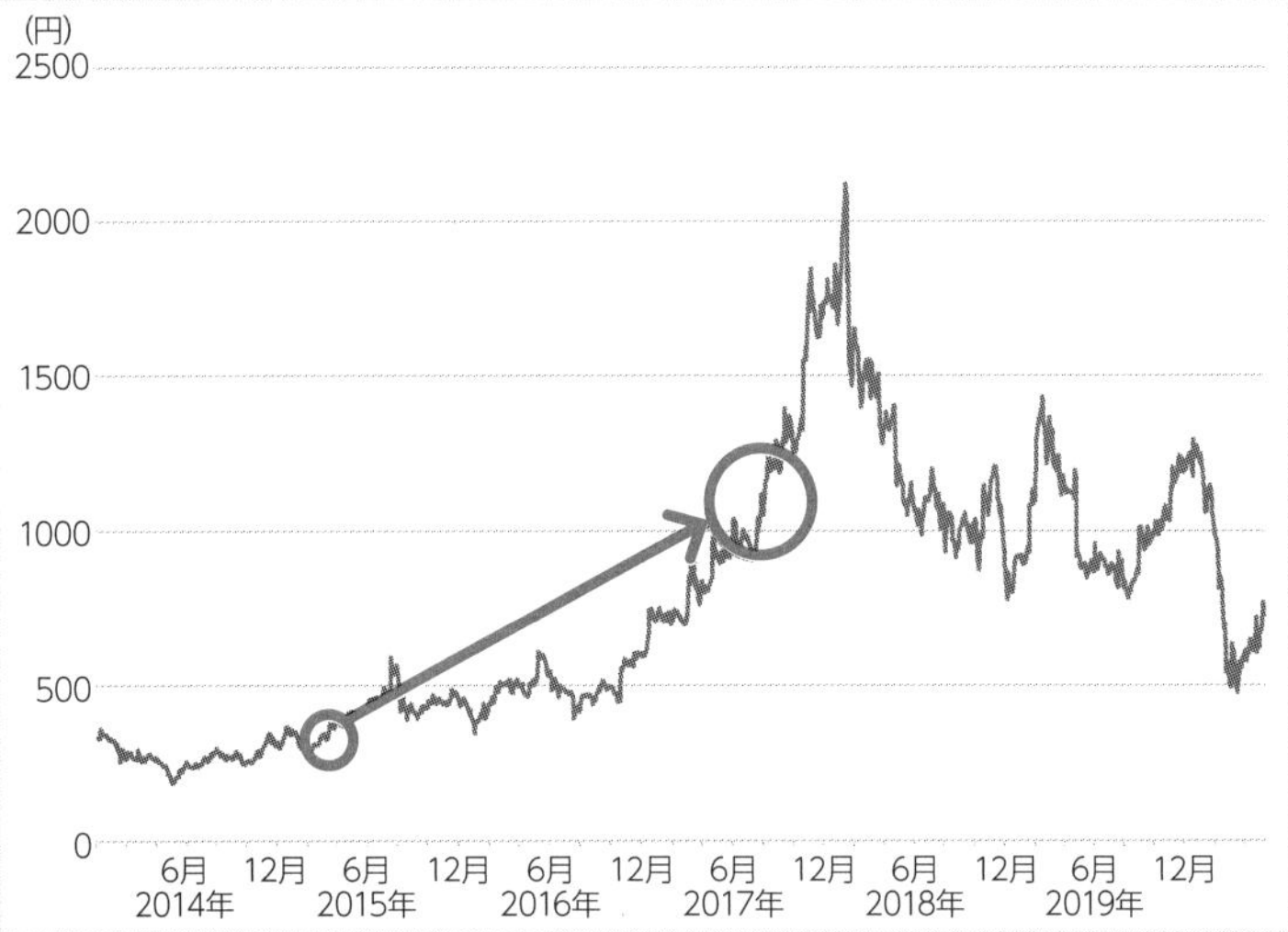

上場直後に暴落し、その後、大きく上昇する新興株は多い。私はこの現象を「Jカーブ上昇」と呼んでいる。ウィルグループも上場後に暴落し、その後、反転上昇の兆しが見えていた。300円前後でこの株を購入し、1000円前後ですべて売り抜けた。3倍高ゲットである。

図表5-6　ウィルグループ株のVE投資一覧表

	❶	❷	❸	❹	❺
EPSの変化	→	↑	↑	↑↑	↓
株価の変化	↓	↓	→	↑	↓↓
予想PER			10		

上場直後に下落してから大化けする株

私はこのように上場直後に下落し、その後の反転上昇から大化けする株を過去何度も見てきた。企業が新しく上場する際には、多くのメディアでニューフェイスとして紹介され、一時的に市場の注目を集めるものの、その後、次第に忘れ去られてしまう。

一方、一定期間を経ると、上場前からの株主の売りが解禁されるため、不人気なところに、まとまった売りが出始めて株価は下がらざるを得なくなる。経営者がいくら頑張っても、評価は定まらず、次第にネット上では、「こんな株買うんじゃなかった」「経営者は無能だ」「株価対策をしろ」などと恨み節があふれ出し、下がり続ける株に嫌気がさした個人投資家のさらなる売りに押されて下げが加速する。

そうなると、私のようなバリュー投資家の出番だ。次第に底が固まり、反転上昇がスタートする。私が買おうと思った2015年2月ごろには、東証2部から東証1部へと鞍替えが完了し、いったんは上昇したものの、材料出尽くし感からか株価は停滞していた。当時の予想EPSは30円前後であったため、予想PERは10倍前後。一方、人手不足が深刻化し始めており、人材派遣業は極めて良好な収益環境が続くと予想された。

まず少しだけ買って株主総会で質問

ただ、株式公開後2年程度では、まだ情報が少なすぎた。そこでさらに情報の収集と分析を続けることにした。過去の収益トレンドは急激に拡大していたし、今後も人手不足は続く。また、身の回りでも、「一生この会社にご奉公する」などと考える新入社員は少なくなったと感じていた。あちらこちらで優秀な社員が引き抜きにあい、逆に必要な人材は中途で採用するという風潮が加速している。

私の感性は「この株は買い」と教えてくれる。だが、なかなか確信につながらなかった。そこで、少しだけ株を保有し、とにかく1回、株主総会に出席することにした。

当日、午前休をもらい、会場に入った私は、この会社の若手社員たちの元気な挨拶に感心し、すぐにこの会社の体育会系のノリが好きになった。やはり人材派遣会社である。ヒトでもつ会社だと実感した。壇上で説明する、私と同世代の池田良介社長（当時、現会長）は自信に満ちあふれており、説明の中から足元の事業環境は極めて順調だということが感じられた。

私は「どういう職種のどんな人材派遣が好調なのか？」と質問してみた。秘密保持の関係があるので、詳しい説明はできないようだったが、なんとなくイメージはつかめた。「なるほど、まだまだ仕事は増えそうだ」。私は早速その会場内で買いを入れ始め、1か月ほどかけてすぐには売れないレベルまで保有株数を膨らませた。

3倍高で少しずつ利益確定して流動性リスクを回避

その後の業績は順調だった。EPSは29・0円（2015年3月期）だったものが、翌年36・4円、翌々年54・2円と2年で86％も拡大した。併せて、この会社の評価も高まり、PERは10倍前後から20倍前後へと、有望な成長株であれば常識的な水準まで上昇した。まだ相場に勢いはあったが、私は買値の3倍高を超えたあたりから少しずつ売り抜け、利益を確定させた。これだけ上がってもまだ時価総額200億円に満たない中小型株である。下がり始めてからでは売るに売れなくなるのが嫌だった。

人材派遣会社は典型的な景気敏感株である。景気が悪くなると、あっという間に私は、景気が良いうちにこの株を売る決断をした。

失業率が上昇し、派遣切りが加速する。リーマンショックでその怖さを知っていた

ここで流動性リスクについて説明したい。流動性リスクとは1日の出来高が非常に小さいために、売りたい時に売れないリスクのことをいう。時価総額が300億円を下回るような小型株の中には、極端に出来高が小さい株も多い。2008年後半、DVxの出来高は毎日のように1000株を切っていた。

多くの投資家はこのように小さな株への投資を嫌う。巨大な資金を扱う機関投資家からは相手にされず、いつでも売買できることが大前提の短期トレーダーも寄り付かない。結局、多くの小型株は安値で放置されることになるが、そこが狙い目だ。少額で投資を楽しむ個人投資家にとっては、大したリスクではない。

あなたの投資予算が1000万円以下であれば、仮に5~10銘柄に投資したとすると、1銘柄当たりの金額は100万~200万円といったところだろう。その程度であれば、少々出来高が小さくても大きな問題にならない。さすがに寄り付きで全部成り行き売りをしてしまったら、あなたの売りだけで株価を押し下げることが

あるかもしれないが、何回かに分けて、少しずつ適切に売れば、相場に大きな影響を与えることなく、売買を成立させることができるだろう。

自信がある小型株は「すぐに売れないレベル」まで買い込む

一方で小型株には夢がある。時価総額1兆円の企業がさらに成長して10兆円になることは極めて稀だが、時価総額50億円の企業が500億円クラスに成長することは割と頻繁に起こる。大化けを狙うなら小型株だ。機関投資家や短期トレーダーが相手にしないなら、私たち個人投資家こそ、小型株を見る目を養い、メインスポンサーとなりたい。

ちなみに、十分な自信がある時、私はすぐには売れないレベルまで株を買い込む。1日の出来高が数千株の小型株を何万株も買い込むのだ。こうすることで、「この会社が大成功するまで絶対に売らないぞ」と腹が据わるのである。十分に上がり、十分に出来高が増えだすと、ようやく、機関投資家や短期トレーダーが買いにやってくる。彼らにそれを売ればよい。その時は出来高を気にすることなく売却が可能となっているのである。

成功例❸

ソニー大復活を読み切る

株式市場の大暴落は良い株を安く買う大チャンスである。相場は連動するが、業績は連動しない。本来、1つひとつ企業には異なる顔があり、多様性に満ちているのだが、最近はそのような多様性を無視する傾向が強まっている。多くの投資家は個性の違いを無視し、すべての銘柄をひとまとめに売買する。

その代表が、インデックス投資家であったり、グローバル・マクロと呼ばれる巨大ヘッジファンドであったり、日銀であったりする。これらの投資家のシェアが小さいうちはあまり問題にならないのだが、近年、無視できないレベルまでシェアを高めてしまった。

図表5－7のチャートは2020年1月～2020年6月末までのホンダ、塩野義製薬、鹿島、ソニーの6か月チャートである。もし社名を隠したなら、あなたは、

図表5-7
ホンダ、塩野義製薬、鹿島、ソニーの6か月チャート

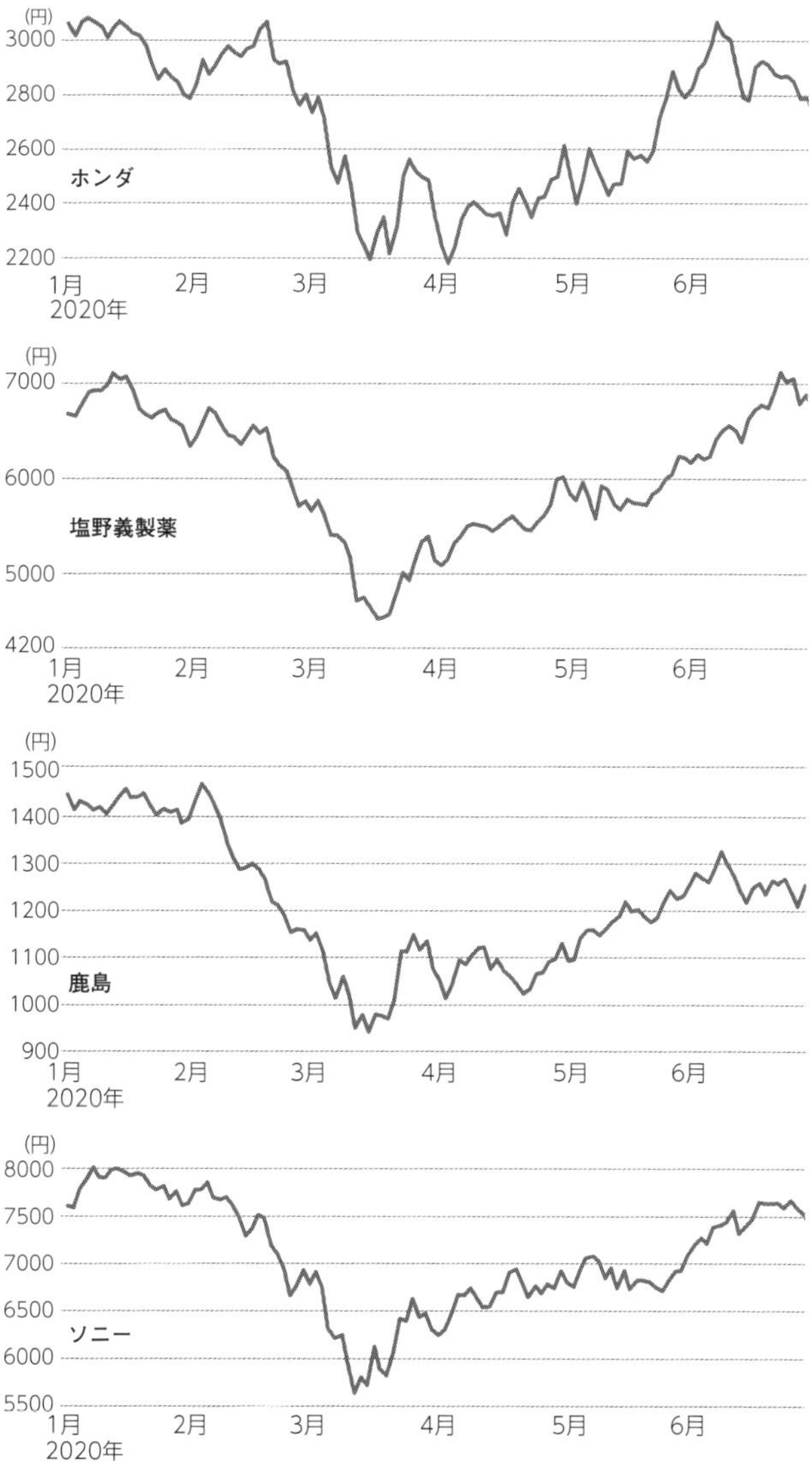

どれがホンダで、どれが塩野義製薬か、言い当てることができないだろう。これが連動である。ただし、この連動は暴落の瞬間をとらえた6か月という単位だからこうなる。

暴落局面は個別株の個性が失われ、秩序が戻ると個性が表れる

5年とか10年といった長い期間で見比べると、違う企業のチャートはこのように瓜二つにはならない。秩序が戻ると、連動が次第に外れ、個性が表れるのである。図表5－8は同じ4銘柄の過去10年のチャートである。

やはり、良い会社は右肩上がりのチャートを描き、そうでない会社は、横ばいか、下降チャートを描くことになる。そこで、日ごろから目をつけている、とびっきりの成長企業を長期保有するのであれば、相場全体に連動して大きく値下がりする暴落局面に買い向かうのがよい。

未来予測の4パターンとVE投資

ただ、暴落局面においては、これまでの前提が大きく崩れるため（だから暴落す

図表5-8
ホンダ、塩野義製薬、鹿島、ソニーの10年チャート

るわけだが）、単純なトレンド分析では、歯が立たない。これまでの成長企業がこれからは成長企業でなくなるリスクが存在するのだ。そこで未来を予想する能力が試される。

実は未来を予想するにあたっては、まずは次のような4つのパターンに物事を分類する必要がある。

（a）予測可能領域（例：高齢化社会）
（b）シナリオ分析で対応すべき領域（例：アフターコロナ、AIが普及した未来）
（c）トレンド分析で対応すべき領域（例：成長企業の近未来業績、ブランドの認知度傾向）
（d）予測不可能な領域（例：火山噴火、大規模テロ）

未来学者に言わせると、火山噴火も大規模テロもシナリオ分析の範疇だそうだ。発生することは十分に予測できるものの、それが、いつ、どこで、どのくらいの規模で発生するかはわからない。そういうものは、あらかじめシナリオ分析によって、対処方法を検討しておくのだそうだ。

しかし、株式投資家にとっては、あまりに頻度が小さいため、（d）予測不可能な領域に分類してもよいだろう。株式市場では、極めて頻度が低いものの、発生した際のインパクトが絶大な現象を、元金融トレーダーのナシーム・ニコラス・タレブ氏の著書にちなんで「ブラックスワン」と呼ぶ。

注目すべきは「秩序の崩壊」ではなく「変化」

さて、多くの株式投資家は、（a）予測可能領域と（c）トレンド分析で未来を予測する。データがそろっており、客観性が高いためだ。

しかし、そのような誰もが客観的に確認できる領域だけで勝負しても、得られる利益は小さい。多くの場合、株価は既にそれらのトレンドや事実を織り込んでいる。あなたが、それらの情報だけをもとに市場より優れた判断ができる可能性は極めて低い。膨大な人々から評価を受ける大型株においてはなおさらだ。

そこで、儲けたいなら、（b）シナリオ分析と（d）予測不可能な領域の組み合わせを、もっと重視すべきである。

新型コロナウイルスのような予測できなかった事態が発生した時、素早くシナリオ分析を進め、人々がパニックを起こし、秩序が崩壊しているまさにそのタイミングで、買い向かうのである。この場合、第2章と第3章で説明したような、トップダウン・アプローチが有効だろう。

「ということは、この投資法は大暴落の真っ最中にしか使えないということですね」という声も聞こえてきそうだ。

確かに大暴落がチャンスなのは間違いない。しかし、あなたは、パニックの中で、逃げ惑う人々を横目に、火事場泥棒を働くようなイメージを持つべきではない。より注目すべきは、「秩序の崩壊」ではなく、「変化」である。大暴落は変化の兆しであり、変化のきっかけと捉えるのである。

今後、何がどう変化するのか？　その場合、どの銘柄がいち早く立ち直るのか？　あるいは、そもそもダメージすら受けない銘柄はないだろうか？　そこに神経を集中させるのである。

図表5-9　未来予測の4パターンとVE投資

(a) 予測可能領域（例：高齢化社会）
(b) シナリオ分析で対応すべき領域（例：アフターコロナ、AIが普及した未来）
(c) トレンド分析で対応すべき領域（例：成長企業の近未来業績、ブランドの認知度傾向）
(d) 予測不可能な領域（例：火山噴火、大規模テロ）

多くの株式投資家は、(a) 予測可能領域と(c) トレンド分析で未来を予測する。データがそろっており、客観性が高いためだ。しかし、そのような誰もが客観的に確認できる領域だけで勝負しても、得られる利益は小さい。多くの場合、株価は既にそれらのトレンドや事実を織り込んでいる。あなたが、それらの情報だけをもとに市場より優れた判断ができる可能性は極めて低い。厖大な人々から評価を受ける大型株においてはなおさらだ。そこで、儲けたいなら、(b) シナリオ分析と(d) 予測不可能な領域の組み合わせを、もっと重視すべきである。

実は、大暴落時ではなくても、株式市場は大小様々な変化に満ちあふれている。それはテクノロジーの変化であったり、社会制度の変化であったり、人々の行動変容であったり…。その変化の兆しを、感性と論理的思考を総動員して分析し、勇気を持って、つかみ取る。その行動力が試されるのだ。

気づくだけではダメだ。大抵の人は実はほとんどのことに気づいている。第3章で説明したフマキラーもノートパソコンも、「この本を読む前から、自分も気づいていた」とは思わないだろうか。結局のところ、株を買うという行動につなげることが重要であり、それが伴わない限り、あなたは何も変わらない。

「この勝負、勝てる!」と確信した直後に…

さて、前置きがずいぶん長くなったが、私がそんな変化をうまくつかみ取った事例を1つ紹介したい。ソニーである。

2015年は、チャイナ・ショックと呼ばれる中国発の世界同時株安に見舞われ、多くの株式投資家が大損をした。さらに原油価格も低迷したことから、オイルマネーが逃げ出しているとの観測が噂され、2016年に入ってからも厳しい相場が続いていた。日経平均株価は2万円前後から1万5000円前後へと25％以上も下落し、秩序は崩壊していた。

当然のように私は目を皿のようにして、有望株を探していたが、小型成長株については、やや割高な銘柄が目立ち、なかなか良いのを拾えずにいた。ちょうどその頃、あるネット記事で私のブログが紹介されているのを発見した。「参考になる投資ブログ」などと題された記事で、光栄にも私のブログが高評価をいただいていたのだ。ただ、その中に気になる一言があった。「ただし、このブログは小型株専門である」とのご紹介であった。

「はぁ～？　小型株専門？・」。私は少々カチンと来た。確かに、これまでは大型株と比べて、小型株のほうが圧倒的にお得な銘柄が多かったため、わざわざ大型株を買う必要がなかった。それで小型株に関する記事ばかり書いていたのだが、ただ、それだけのことであり、小型株が逆に割高な方向にミスプライシングを起こしている今なら、当然、私だって、大型株を狙う。

「こうなったら、大型株で鮮やかに勝ち切って、あっと言わせてやろう」。そんな野望が膨らんだ。ところが、大型株ばかりを対象に、ボトムアップ・アプローチで丹念に銘柄探しを行ったのだが、やはり厖大な人々の評価を受けているだけあって、数か月経っても、明確なVE投資候補を見つけ出すには至らなかった。

「やはり難しいな…」。やや諦めかけていた頃、家電量販店に入った私は、ふと、ある変化に気づいた。多くの家電量販店では、人気の商品を「イチオシ」だとか「人気ナンバーワン」などとポップでアピールする。その人気ナンバーワン商品に、やたらとソニー製品が入っているのに気づいたのだ。テレビも、ビデオカメラも、デジカメも、ヘッドフォンも…。この何年かすっかり忘れていた感覚だった。1つひとつ確認すると、値段は決して安くはないのだが、確かに性能や使い勝手が優れていて、他にはない魅力がある。そのどれもが私自身も欲しいと思えるものばかりだった。

「もしかして、あのソニーが遂に変わり始めたのか？」。強烈なインスピレーションが働き、他の売り場も確認して回る。すると、ダメ押しの逸品を見つけた。グラスサウンドスピーカーだ。その、音楽を奏でるスピーカー付き照明器具は、その当時とても斬新な製品だった。優しい響きの中で、そのあかりを眺めながら、私は確信した。「ソニーの未来は明るい」。

当時、市場のソニーに対する評価はまさに地に落ちていた。リーマンショック以降、２００９年３月期から２０１５年３月期までの７年間のうち、実に６年間は大赤字で、マスコミやＳＮＳは、ソニーの凋落ぶりを面白おかしく書きたてていた。

決算資料を見ると、自己資本比率は15％を切っており、大手家電メーカーとしては危険水準だ。連続赤字と低い自己資本比率。ほとんどの投資家はこの２点を確認すれば、その先を調べようとも思わない。危険極まりない投資先と決めつけてしまうのだ。私もそうだった。

しかし、１つひとつ調べていくと、まったく違うソニーの姿が浮かび上がってきた。

まず、過去７年間の決算資料を丹念に読み込んでいくと、確かに、赤字は赤字なのだが、そのほとんどが過去の膿を出すための構造改革費用によるものであることがわかった。実際、本業の利益を表す営業利益ベースでは、赤字の年はリーマンショックがあった２００９年３月期と東日本大震災直後の２０１２年３月期の２回だけだった。

自己資本比率もこの会社ならではの特有の事情があった。誰もがソニーは家電メーカーだと思い込んでいたが、この企業グループは既に家電メーカーとは呼べなくなっていた。ソニー損保やソニー生命などの金融分野がバランスシートの大半を占めるため、自己資本比率は家電メーカーのそれではなく、金融機関のそれと比較するほうが適切だった。金融機関としてならこの自己資本比率も悲観すべき水準ではない。

ソニーは（悪い意味で）注目の大企業であったため、探せばいくらでも資料が手に入った。ソニーに関する本を買い、決算資料やネット情報を丹念に読むことで、平井一夫社長（現シニアアドバイザー）や吉田憲一郎副社長（現社長）の経営スタイルが次第に理解できるようになった。

調べれば調べるほど、彼らは前向きであり、正直であることがわかった。

この年の実績ベースのＰＥＲは20倍前後であったが、実力値のＰＥＲは10倍を切っているように思われた。私は、もはや割安とはいえない小型成長株を次々と売却し、その資金をこの大型株に投入することにした。様々な事業を丹念に調べ、良いも悪いも理解した上で、「この勝負、勝てる！」と確信した。

シナリオ分析で将来性を検討

その直後、2016年4月、熊本で大震災が発生した。ソニー株は再び売られた。不運にも、ソニーが社運をかけて開発を進めているイメージセンサーの主力工場が激震地のど真ん中にあったのだ。イメージセンサーとは、スマートフォンなどで使われる小型カメラの中核技術のことだ。この技術が進化したために、もはやコンパクトデジカメを持ち歩く人はほとんどいなくなった。破壊的イノベーションの典型例である。

私はソニー株を買う時、シナリオ分析でこの技術の将来性を検討した。今後、AIが普及するのは確実である。AIは人間の脳にあたる。脳は何を必要とするか？情報だ。特に人間の目にあたるイメージセンサーは最重要な情報収集装置と言える。この技術に磨きをかけるソニーは、きっとこれから大きく伸びるだろう。彼らの戦略は間違っていない。

震災で工場がボロボロになったというニュースはひどく私の心を痛めたが、この株を安く買うチャンスであることを忘れなかった。実は調べれば調べるほどこの会社が好きになり、買い足しのタイミングを計っていたのだった。もはや、私のポートフォリオの過半がソニーという異常事態となった。渾身の大勝負である。

平均買値は2500円。震災の特損を計上すると、この会社の予想PERは50倍を超えていた。「ついにエナフンは頭がおかしくなった」。ネット上で悪口を言うものも現れた。

評価が正常化したところで売却

しかし、その後のソニーは私の期待を裏切らなかった。「プレイステーションVRの発売」「有機ELテレビで国内トップシェア獲得」「AIBO復活」「ソニー最高益更新」。華々しい見出しが新聞やネットに躍り、業績は急拡大し、2019年3月期のEPSは723円を計上した。私の買値2500円はこの数字から逆算するとPERは3・5倍ほどだったことになる。

もっとも、私はこの株を5000円ほどでほとんどすべて手放した。庇大な人々がこの会社を正しく評価し始めた時点で私の優位性は失われる。あまりに大金が手に入ったので頭を冷やしたい思いもあった。

株式投資の旅はわらしべ長者のようなものである。最初はわらしべのようなたわいもない資金からスタートする。しかし、儲けたカネで次の株を買い、さらにそこで儲けたカネで次の株を買うという作業を繰り返していくうちに、財産は雪だるま式に増えていく。10年がかりで築いた1億円が、次の2年で、もう1億円の儲けを連れてきたりする。勝ち続ける限り、新たに手にする儲けは、今まで見たこともなかった大金となる。そして、自分自身も驚きの中ですっかり億万長者になっているのだ。

多くの成功者は、財産の急拡大に生活水準の向上が追いつかない。私は、ソニーの大勝利で得た資金の一部をマンションの購入に充てた。それまでは賃貸に住んでいたのである。併せて買った大型テレビは、もちろんソニーの有機ELである。

成功例❹

トレジャー・ファクトリー 業績拡大と横ばいのチャート

1週間ほど前、妻がユリを買ってきた。ただ、花はまだ咲いておらず、つぼみが15個ほどあるだけだった。とりあえず、花瓶に生けて、リビングの隅に置いてもらった。それが2日ほど経ったあたりから、1つ2つと大輪を咲かせはじめ、今日は半分以上が咲いている。私はリビングとつながった狭い書斎にいるのだが、白とピンクの美しい花を横目に、ユリの香りに包まれて、この本を書いている。

つぼみの状態で花を買う

株式投資も似たようなものだ。買った時はどれもつぼみである。きっと花を咲かせてくれると信じてはいるのだが、実際に花が咲くまでは安心できない。ところが、十分な成長性とバリューさえそろっていれば、時間とともに花は次々と咲き始める。

重要なのはつぼみの状態で花を買うことなのである。

リーマンショック以降、私は、既に紹介したＤＶｘの他では、「とんかつかつや」を展開するアークランドサービス、急成長中の葬儀会社であるティア、コインパーキングを展開するパラカ、結婚式場運営のエスクリといった小型成長株に投資したが、そのどれもが大輪の花を咲かせた。おかげで２０１３年までの５年間ほどで私の財産は5倍に増えていた。

そんなある日、ブログのコメント欄で、トレジャー・ファクトリーというリサイクルショップの名前を目にし、もう一度詳しく調べたくなった。というのも、リーマンショック直後、私はこの銘柄も購入候補として詳しく調べていたのだが、その時は、まだ株式公開から1年も経っておらず、データが少なすぎるという理由で、購入を見送っていたのだ。

調べてみると、上場以降、うねりは存在するものの、株価は２００円（その後、株式分割があったため、２０２０年5月末現在の株価を基準に修正）を中心に約5年間横ばい傾向が続いていた。一方で、業績は順調に推移しており、ＥＰＳは

2009年2月期に12・5円だったものが、2010年2月期18・3円、2011年2月期20・9円、2012年2月期27・2円、2013年2月期33・8円へと急拡大している。にもかかわらず、PERは7倍台とかなり割安な水準だった。つまり、VE投資一覧表の「❸EPS↑株価→」である。

株価と業績の乖離現象は、数年にわたって続くことがある。やや長い目で見るのが重要だ。しかし、当時なぜこれほどまでに乖離が続いてしまったのか？ リーマンショックと東日本大震災の影響を受けたのは間違いない。ただし、それは株価の話であって、業績はほとんど影響を受けなかった。

「底値から2倍高」でも通過点の可能性

さて、もう1つチャートを用意した。図表5－12はトレジャー・ファクトリーのチャートの2011年～2013年の3年間を拡大したものだ。このチャートを見ていただくと、私がこの株を購入したタイミングは120円付近を底に反転上昇している過程で飛び乗ったともいえる。むしろ、VE投資一覧表の「❹EPS↑↑株価↑」である。

図表5-10　トレジャー・ファクトリー株への投資と売却

図表5-11　トレジャー・ファクトリー株のVE投資一覧表

	❶	❷	❸	❹	❺
EPSの変化	→	↑	↑	↑↑	↓
株価の変化	↓	↓	→	↑	↓↓
予想PER			7.7		

私はブログの中で、「トレジャー・ファクトリーは、業績の拡大や異常な低評価にもかかわらず、株価はまだ底値から2倍しか上昇していない」といった趣旨の記事を書いた。すると、これを読んだ読者からコメントをいただいた。

「『まだ2倍高』という感覚に驚きました」

確かに2倍高というと普通は怖くて買えない高さだ。しかし、私は過去、2倍高とか3倍高という理由で買わなかったために、その後の数倍高を取れずに失敗した経験を何度も何度も繰り返していた。成長株にとって2倍高は通過点に過ぎないということを嫌というほど体験していたのである。

さらに、チャートの期間を短くとって、半年程度のスパンで見てみよう。すると、いったん300円をつけた後の調整局面で買い向かったともいえる。VE投資一覧表の「❷EPS↑株価↓」だ。

さらにさらにスパンを短くすれば、チャートが逆三尊を描き、反転上昇し始めたタイミングで買い向かったといえ、数日単位でいえば…。いや、もうこれ以上短いスパンでの議論はやめよう。スパンを短くすればするほど、短期トレーダー的判断となり、業績ではなく、他の何かを見るようになる。業績とチャートを比較するV

図表5-12　トレジャー・ファクトリー株のVE投資分析

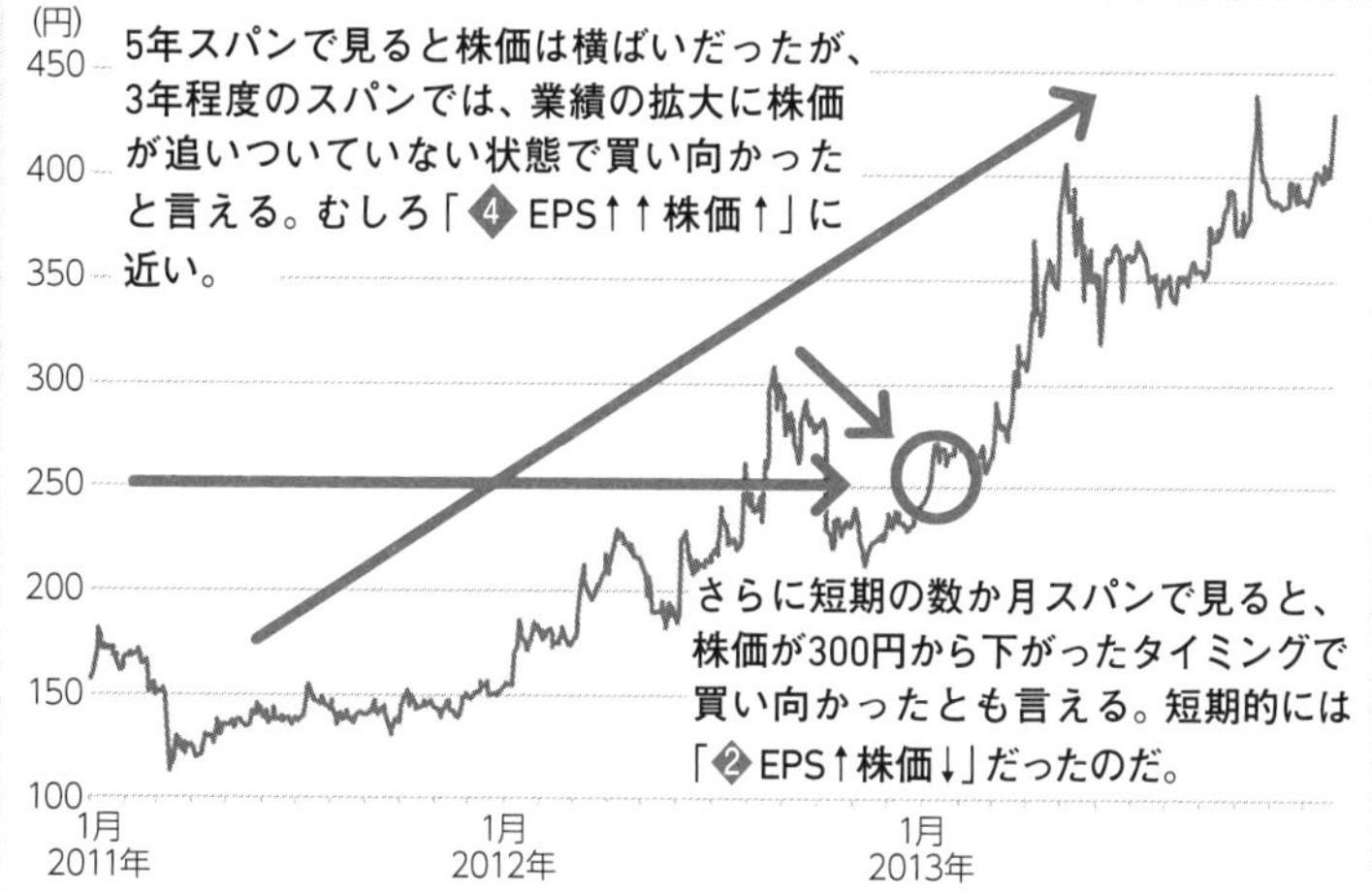

図表5-13　トレジャー・ファクトリーの売上高と店舗数

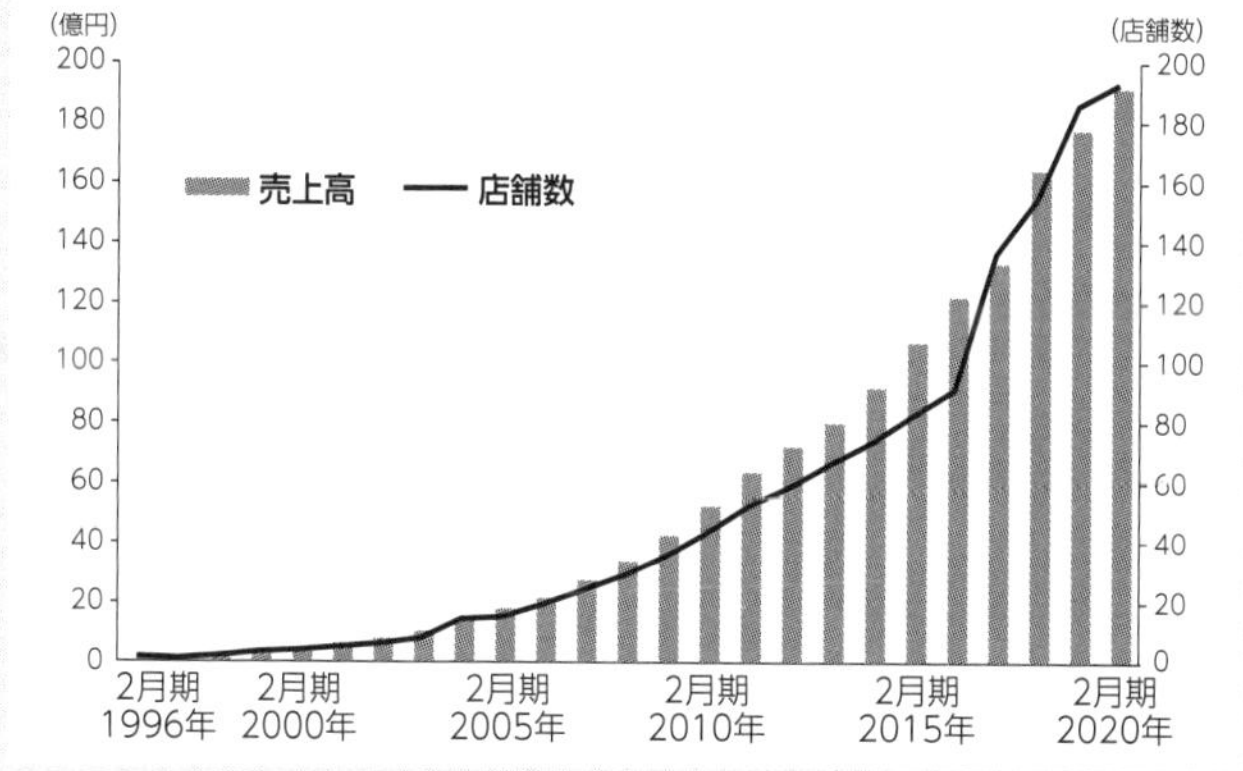

トレジャー・ファクトリー 2020年2月期決算発表資料から

E投資法においては、やや長めの視点が重要である。

鳥の目、虫の目、魚の目が重要

経営の世界では、鳥の目、虫の目、魚の目が重要と言われている。鳥の目とは、物事を俯瞰し、全体を大きく捉える目だ。逆に虫の目は、1つのものをクローズアップして詳細を分析する力と言える。魚の目とは潮の流れを見る目とされ、つまり、時代や市場の流れを読む力と言えよう。当然、株式投資においてもこの3つは重要な視点である。

VE投資一覧表は、変化と絶対値を同時に見るツールだ。鳥の目と魚の目を同時に使い、業績と株価の変化を読み取るツールとも言える。そのため、あまりに短期的な視点で使うものではない。まずは5～10年といった長期チャートと長期業績を見比べよう。

一方で虫の目を無視してはいけない。直近の身近な変化が、大きなうねりの兆しとなる。直近の四半期決算の変化と1年以内程度のチャートを見比べるのも重要だ。

「最近起こり始めた、あの変化を株価は織り込んでいない。業績に対してはまだわずかな影響しか出ていないが、今後は大きく収益貢献するはずだ」といった気づきである。

つまり、5～10年単位の業績とチャートの変化に加えて、1年以内程度の業績とチャートの比較という2つの視点が有効と言える。「なぜ、業績が順調なのか？」。併せて、「なぜ、株価は業績と連動しなかったのか？」。その原因を探るのである。

もっとも、本当の意味での虫の目、つまり、決算書を詳細に確認し、ネットや本でその会社に関する情報を収集し、経営者の人となりを知り、商品やサービスに触れ、就職サイトで先輩社員の仕事ぶりや評判を確認するのは、次の作業となる。

じっくりと苦労を重ねてきた会社の事業を自分で利用してみる

トレジャー・ファクトリーの創業者である野坂英吾氏は１９９５年に開業資金30万円、１５０坪の倉庫からリサイクル市場に参入し、店舗拡大とともに成長を続けてきた私と同世代の経営者である。

私はこの会社の歴史を確認しながら、自分の人生も振り返っていた。バブル崩壊からアジア通貨危機、世界同時多発テロ、リーマンショックへと続く日本の失われた20年だ。多くの中小企業が経営難で苦しんだ厳しい時代を、この社長はどう乗り切ったのだろう。

私は最近急に出てきた流行りの人気株より、じっくりと苦労を重ねてきたこの会社のような成長株を好む。リサイクル事業は、仕入れでも頭を下げ、売りでも頭を下げ、それでもしっかりと利ザヤを稼ぐビジネスだ。苦労していないはずがない。徹底したデータ管理と品質管理のノウハウは本物だろう。

私自身、結婚してから夫婦で倹約に努めてお金を貯め、それを元手に株式による資産拡大をスタートさせた。そんなドケチ新婚時代、リサイクルショップをよく利用したものだ。もっとも、その多くはカビくさく、うす暗い店舗の中に、いわく付き商品が所狭しと並ぶ、まるでお化け屋敷のようなところだった。

ところが、トレジャー・ファクトリーを何軒か回ってみると、あか抜けた店舗に、若い客が集まっている。私は昔ながらの古書店とブックオフの違いを思い出していた。「もしかすると、ブックオフ的に跳ねるかもしれない…」。業績の将来イメージと低迷する株価に期待は高まった。

このように私は株を買う前に、その会社の製品や店舗を確認する。やはり、現実を知らずに空想だけで売買しても、マネーゲームのようになるだけだ。

「ふむ。2次審査も合格!!」。店舗の中で、早速スマホを取り出し、最初の買い注文を入れ、いつものように数か月がかりで後戻りできない水準までこの株を買い込んだ。

結局、この株は大輪を咲かせた。3年ほどでEPSは2倍以上に上昇。併せて、PERも20倍付近へと評価是正の動きが加速したため、私は2年半ほどで5倍高をとることができた。またまた大勝利である。めでたし。めでたし。

失敗例❶

共立メンテナンス 売り急いで大上昇を取り逃がす

成功事例ばかり書き並べると、「失敗例はないのか？」と思われる方も多いだろう。もちろん、失敗もたくさんしてきた。株式投資を続ける限り、すべて読み通りなどということは絶対にない。どこまで調べても、どれほどセンスがあっても、不確実性の餌食になることはある。

ただ、私の経験上、人々が心配しているほど不確実性は株主を破滅に導かない。むしろ、調査不足や経験不足、リスクの取りすぎなど、自分側に失敗の原因があることのほうが圧倒的に多い。

一番多い失敗は、極めて有望だと判断したにもかかわらず、ケチをつけて買わなかった。もしくは、買いはしたものの2倍ほどの上昇で満足して、さっさと売ってしまい、その後の大上昇を取り逃がしたというものだ。

1つ紹介しよう。地方都市でちょっとした調査の仕事があり、毎月のようにそこに出張していた頃、私にはお気に入りのホテルがあった。「ドーミーイン」だ。大浴場は広く、朝食はおいしく、部屋も同価格帯の他社と比べると少しゆったりとしている。受付で、このホテルを展開している企業名を聞くと、共立メンテナンスという企業だという。

早速、ネットで調べると、主に学生寮や社会人寮の運営をメインビジネスとして展開している企業であり、近年、それらの寮で培ったノウハウを使って、くつろぎのビジネスホテルとしてドーミーインを展開しているとのことだった。

ただし、社会人寮の業績が近年振るわず、一方でドーミーインについても開発コストが重くのしかかり、業績は地に落ちていた。「私の感性はこのホテルはきっと伸びる」と押してくれるので、とりあえず、少額でこの株を購入することにしたのだが、決算資料やホームページをいくら調べても、この会社の成長性を裏付けるデータは手に入らなかった。

「そもそもホテル開発には莫大な費用がかかる。その資金をどう調達するのだろう?」という心配が頭をもたげていた。

「事業構造を徹底して調べるべき」という教訓

不動産開発に詳しい方ならわかると思うが、近年(といってもコロナ以前の話だが)、この手の収益物件については、様々な資金調達手段が存在する。所有者から土地を借り、ホテルをSPC(特別目的会社)化して、投資家や銀行から優先出資や融資を受けるなどすれば、少額の自己負担で大きな開発が可能なのだ。

ところが当時の私はそれを知らなかった。知識不足によって大きな利益を取りそこなったのである。投資額は少額で、しかも3割ほどの上昇ですべて売却するという大きな失敗を犯してしまった。

インバウンドの後押しもあり、その後8年ほどで共立メンテナンスのEPSは8倍に拡大、株価は私の買値から12倍に達した(その後、新型コロナウイルスの影響で株価は大きく落ち込んでいる)。

この失敗の教訓は、感性が「買え」とささやいたら、徹底してその事業構造を調

図表5-14　共立メンテナンス株への投資と売却

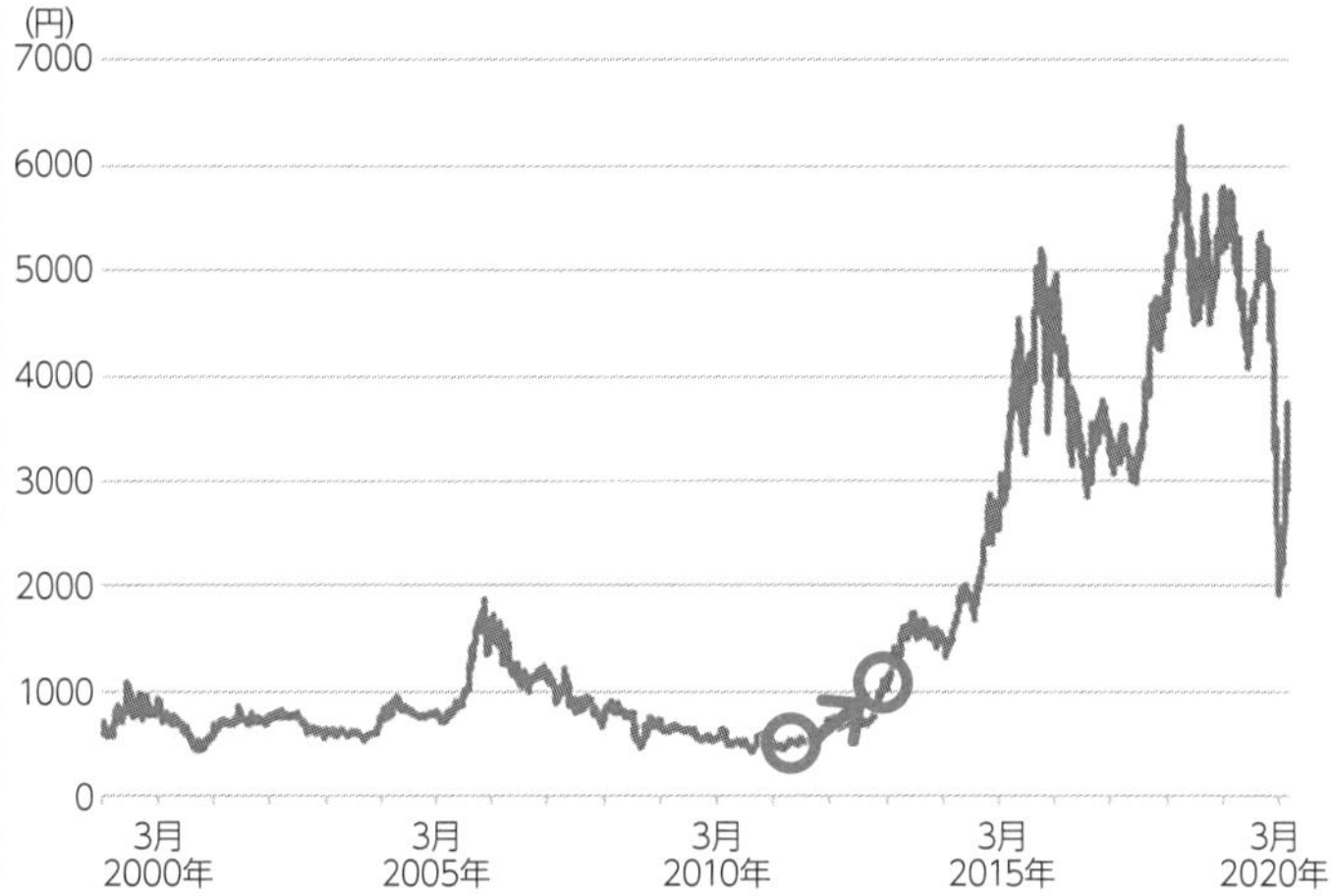

私はこの株を上場以来の大底付近である500円で購入することができた。しかし、3割ほどの上昇でさっさと売ってしまった。その後、株価は上昇を続け、仮に新型コロナで直撃を受けてから売っても、その3倍の価格で売れただろう。

図表5-15　共立メンテナンスの実績EPS

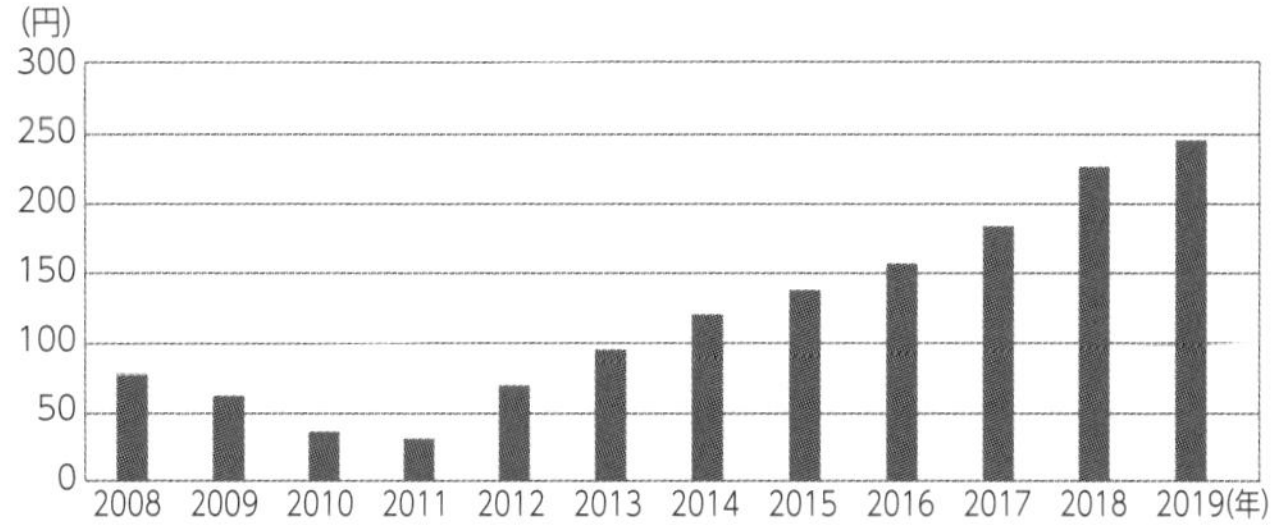

べるべきだということである。従来型の業種特性やビジネスモデルは忘れたほうがよい。時代は大きく変わっているのだ。この失敗はのちのソニーで活かすことができた。

失敗例❷

オンリー 成長ストーリーが失われる

次は、最近の失敗事例である。スーツの製造販売会社であるオンリーは、近年、オリジナルのオーダースーツのネット販売事業が好調で売り上げを拡大していた。店で一度採寸したら、そのデータをもとに次回以降はネットで購入が可能であり、場合によっては自分で採寸することもできる。特に生地選びと採寸のみのシンプルなオーダーシステムを採用した「ミニマルオーダー」は、納期はかかるものの「2着で3万8000円から」と、オーダースーツの常識をくつがえす低コストを実現したシステムである。

私は調査のためこの店に出向き、一番いいスーツを2着ほど注文して帰ったが、ゼニアやロロ・ピアーナといった最高級生地を使ったスーツをデパートの半値以下で買えることに大満足してしまった。早速この会社の株を例によってすぐには売れないレベルまで買い込んだのだが、そこからが大変だった。

オーダースーツのネット販売はすぐに他社にも真似され始め、大きな差別化につながらなくなった。また、人々のスーツ離れは私の想像以上のスピードで進んだ。働き方改革の掛け声とともに、ラフなパンツに軽くジャケットを羽織る、いわゆるジャケパンスタイルでも失礼にはあたらないというコンセンサスが社内外で取れ始め、うっかり、何でもない日にそんな高級スーツを着て会社に行けば、「今日は結婚式ですか?」とからかわれる始末だ。

業績も一時的に拡大したものの、すぐに伸びは止まってしまった。950円付近で買い集めたこの株を1年後、800円前後で処分することに決めた。幸い、手厚い株主優待と高配当のおかげで、安定した買いが入ったため、少しずつ、売りを入れ、数か月がかりですべて処分することができた。唯一の慰めは、新型コロナウイルスの影響で、株価がさらに下落していることぐらいだ。

株主優待は「政治家の賄賂」と同じ構造

さて、本題とは離れるが、株主優待について思うところを少々書きたい。この時、

図表5-16　オンリー株への投資と売却

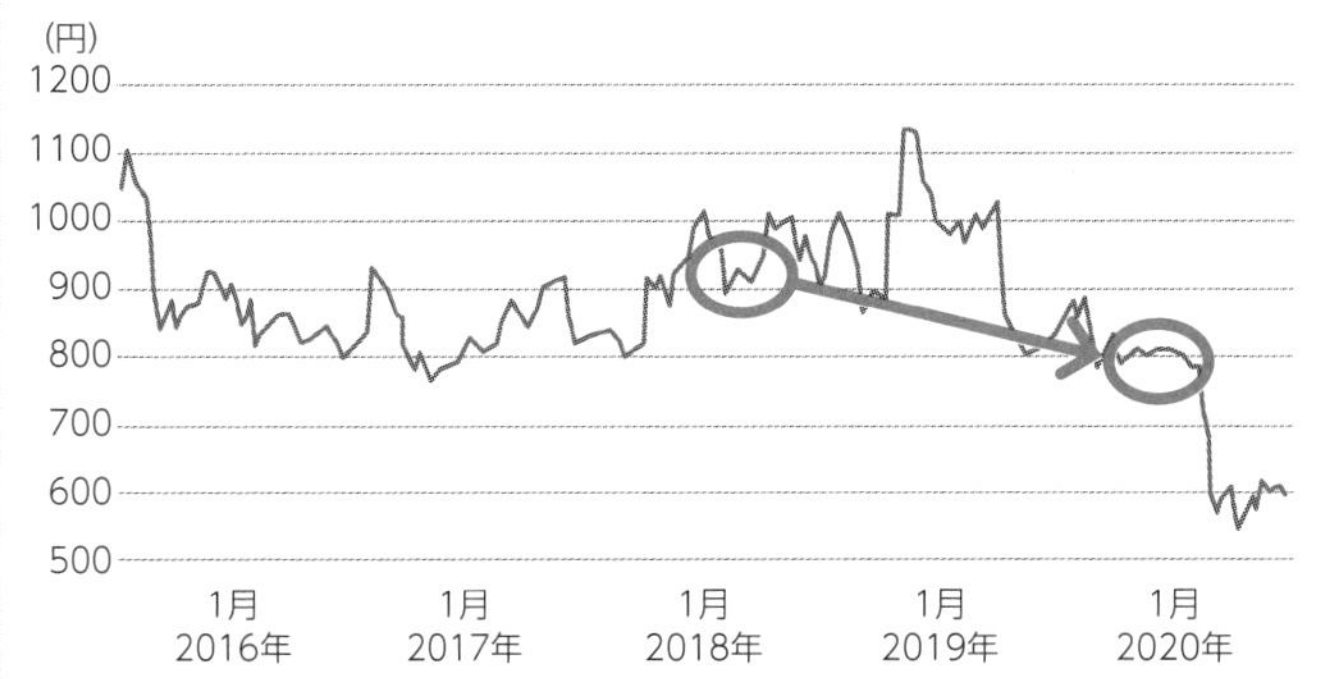

好調なオーダースーツのネット販売に目をつけてこの株を買ったが、すぐに雲行きは怪しくなった

私は、株主優待に救われた形になったが、この制度を肯定しているわけではない。本書で述べてきた通り、本来、企業というものはその業績や資産から、正しく企業価値を評価されるべきであり、そうではない時に、その誤りをとがめるように買いを入れることがバリュー投資家の存在意義だと信じている。

ところが、株主優待は、業績や資産価値ではなく、株主に対する贈り物によって、株価を高めようとする取り組みであり、例えて言うなら、市民に賄賂を贈って自分への投票を依頼する不正政治家と何ら変わらない構造を持っている。しかも、マスコミは著名優待投資家を引っ張り出して、その風潮を後押ししている。一流企業の証しである東証1部上場のためには一定数以上の株主を確保する必要があるが、既にマーケットは機関投資家が圧倒的なシェアを有しており、株主の人数を増やすのは簡単ではない。そこで、企業もおかしいとは思いながらも、手っ取り早く、株主に「賄賂」を贈る道を選んでしまう。

当然、そのようなひずみを株式市場は許さない。株主優待の権利確定日前に、現物買いと空売りを同時に入れ、権利確定後に反対売買をすることで、株価が上がろうが下がろうが、株主優待だけを手にすることができる優待タダ取り投資法や、事前に買いを仕込んでおき、権利確定日が近づくにつれて、優待欲しさに群がる初心者投資家に株を売り抜ける優待もらわない投資法など、とんだ茶番が繰り返されている。

厖大な人々がそれでもよいと認めてしまっているので、これが秩序になってしまったわけだが、あるべき姿に戻すべきだと思う。

すぐに乗り換えられる「控え選手」を準備しておく

話をオンリーに戻そう。この株の教訓は、先が明るいと思われたものの、すぐにその明るさが失われてしまった場合の対処法である。常に読みが当たるとは限らない。

長期投資だから、たとえ先行きが暗くなっても持ち続け、その企業を応援すべきだという考えは捨てよう。もし、短期的な要因で一時的に状況が悪化しているだけというなら話は別だ。持ち続けるという判断でも問題ない。しかし、この会社の場合は、中長期的な成長ストーリーそのものが怪しくなってしまった。私は、こういう株につかまってしまった場合、すぐに頭を切り替えて、他の株に乗り換えることにしている。

この場合に重要なのは、レギュラー選手の調子がおかしくなった時のために、常に控えの選手を用意しておくことである。1次選考、2次選考をクリアする銘柄を見つけたのに、既存の保有銘柄がそれ以上に有望だった場合には、私はその銘柄を、控え選手として、少額だけ購入するようにしている。

少額だけ購入するのは、その銘柄のことをすっかり忘れてしまわないためだ。最近は投資アプリや証券会社のサイトなどに有望銘柄を登録しておく機能があるため、資金が少ない方はそういうツールを利用してもよいだろう。

そして、もし1軍選手の調子が悪くなったら、さっさとベンチに戻し、控え選手を出場させるのである。

VE投資法における売却ルール

VE投資法における売却ルールは次の3つだ。

①先が暗くなった場合
②十分に割高になった場合
③他にもっと良い銘柄を見つけた場合

しかし、実践では①②は、やや曖昧な基準といえる。「暗くも見えるし、一時的な現象ですぐ復活するようにも見える。完全に状況が判明するのを待っているようでは手遅れとなる」「既に割高な水準に到達したようにも見えるし、このところの業績好調を考慮すれば、これでもまだ割安なようにも見える。完全に状況が判明するのを待っているようでは手遅れとなる」。こんな感じで、迷いの森に入り込んでしまうのだ。

その時に、③があると判断の助けになる。「ここまで上がったら、仮に今後さらに業績好調が続いたとしても、PER10倍の○○株のほうがリスクは低い。いったん売却し、乗り換えを断行しよう」といった具合だ。「次の3～5年をどっちの銘柄で2倍高以上を狙うのが良いか」という視点で比較すると良い。

「損をしたのと同じ方法で、損を取り返す必要はない」

オンリー株を売却した時は、省エネ機器販売と電力小売りを組み合わせた電気料金削減のトータル提案で近年急速に業績を拡大しているグリムスという株を買うことにした。

以前から目をつけていたのだが、あれよあれよと株価は上昇し、買うタイミングを失っていた。それが、この1年半ほど横ばいに転じ、一方でEPSは２０１８年3月期に60・5円だったものが、２０２０年3月期には１２０円以上が予想できた。「❸EPS↑株価→」である。私は１９００円前後でこの株を買い集めることがで

図表5-17　VE投資法における売却ルール

①先が暗くなった場合

②十分に割高になった場合

③他にもっと良い銘柄を見つけた場合

中長期的な成長ストーリーが怪しくなってしまった場合、すぐに頭を切り替えて、他の株に乗り換える。この場合に重要なのは、レギュラー選手の調子がおかしくなった時のために、常に控えの選手を用意しておくことである。

きた。結局2020年3月期は131・5円のEPSを叩き出し、私の買値はそこから逆算するとPERは15倍以下で買えたことになる。これほどの成長株をPER15倍以下で買えたなら、まぁ割安だ。オンリーの損はこの株で取り返すことができた。

ウォーレン・バフェットは言う。損をしてしまった時、損をしたのと同じ方法で、損を取り返す必要はない。

図表5-18　グリムス株への乗り換え

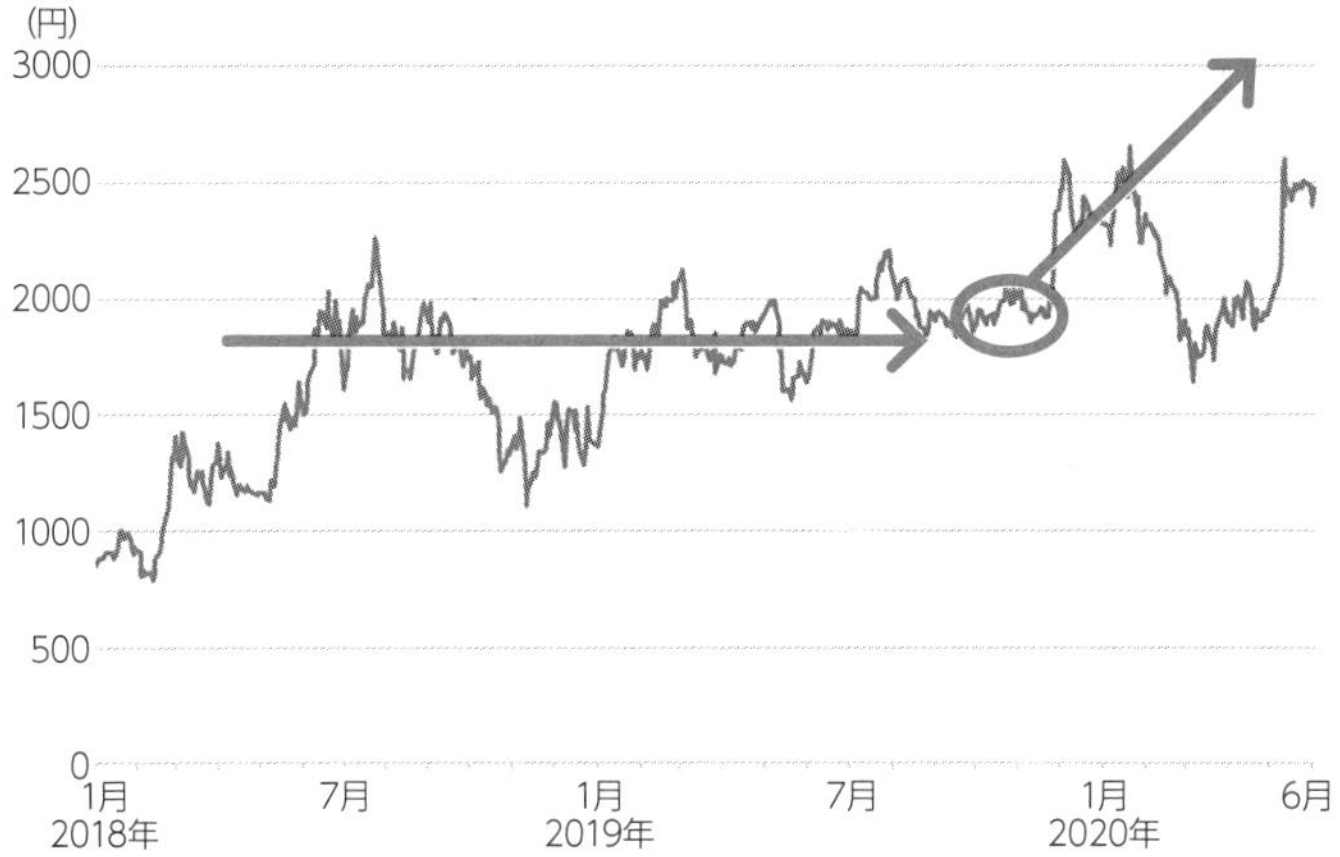

約1年半、チャートは横ばい傾向だったが、この間、EPSは60.5円から120円以上へと拡大が予想されていた。結局、2020年3月期のEPSは131.5円と大方の予想を上回り、株価は好調に推移している。

第6章

7つのバリュー原理

「市場は間違う」という観点から攻める

前章では実践例の中で、いくつかの論点を説明してきたが、これらのチャンスは私だけに下りてきた偶然やラッキーではない。かなり普遍的な現象であり、あなたも、何度も、似たような状況に巡り合うことができるはずだ。問題はそれをモノにできるかどうかだが…。

そこで本章では、本質的価値と株価が連動しない理由を、パターン別にまとめ直してみた。ＶＥ投資一覧表に現れるような乖離現象を発見した時、あなたは、次の類型パターンの中から、その原因を推定すると良いだろう。きっと、これまで以上に感性を高めることができるはずだ。

(1) 株価は連動する。業績は連動しない

既に説明したように、個別株の違いを無視し、全体をパッケージ商品のように扱う投資家が増えすぎた。そのため、良いも悪いも一緒に上がり、良いも悪いも一緒に下がる現象が頻繁に見受けられる。

特に大きな下落局面では、損をしたくない人々のパニック売りに加え、資金繰りが悪化したファンドや信用取引をしている個人投資家などから、資金確保のための

売りが次々と出る。さらには、そのような苦しい懐事情を狙って、相場操縦的にわざと下落を後押しするような空売りの動きも手伝って、鋭く深い谷が形成される。もちろん、「損をしたくない」とか「資金確保のため」とか「相場操縦」といった売却動機は、投資先企業の業績とは無関係で、すべて投資家側の事情に起因する。

リーマンショックであれ、東日本大震災であれ、コロナショックであれ、それらの影響をほとんど受けないか、受けたとしても限定的、中には、むしろチャンスが広がる企業も存在するのに、すべて一緒に叩き売られる。ここに大きなチャンスが生まれるのである。

(2) 本質的価値と人気の不一致

バリュー投資の祖であるベンジャミン・グレアムは言う。「市場は、短期的には人気投票の結果を表示するが、長期的には価値を評価する仕組みである」。

株式市場をパッケージ商品のように扱う投資家の他にも、市場をゆがめる大きな原因が存在する。それは、短期トレーダーをはじめとする近視眼的な投機家があまりに増えたことである。

私が株式投資を始めた30数年前は、今と比べるとずいぶんのんびりしていた。最近株を始めた短期トレーダーが当時にタイムスリップしたら、あまりの遅さに時間が止まって見えるだろう。

当時はまだ証券取引所に「場立ち」が残っており、顧客から電話で注文を受けた証券会社は、独特の手サインや黒板を使って、人間対人間で売買を成立させていたのである。手数料も高かったし、そのような仕組みでは、短期トレードというスタイルを取りたくても、少なくとも個人投資家には環境が整っていなかった。当時の私にとって短期的な売買は完全にブラックボックスで、朝注文したものがどうなったかは、夕方証券会社に電話をして確認するような状態だった。

それが変わり始めたのは、ネット証券が普及し始めた2000年代に入ってからである。場立ちは1999年4月に終了し、売り買いの注文状況を示す板情報は電子化され、ネットで公開されるようになった。

そのような株式市場の変化を先取りした個人投資家には、大量のチャンスが存在した。資金力のある大口投資家の動きは今と比べると驚くほどわかりやすく、彼らが買い始めたら、追随して買いを入れ、買いを止めたら、先んじて売り抜けるといった単純な提灯戦法が普通に通用した。

次々とカリスマ短期トレーダーが誕生し、人々は競って彼らの手法を真似した。その結果、次第に短期トレードは高度化し、複雑化していく。チャンスは薄れ、より実力のあるものだけが生き残るゲームに変身し始めた。リーマンショックの発生した２００８年前後には、アルゴリズムを使った超高速の売買が増加し始め、近年ではＡＩが瞬時の判断で利ザヤを抜いていく。

さて、ここで考えてほしいのは、企業の業績が、そのように極端に短期的な要因でどうこうなる類のものなのか、ということである。要人の発言や各種統計データ、企業発表のＩＲ情報などをもとにした瞬時の判断が、企業の本質的価値を的確にとらえているとは到底思えない。結局、彼らがターゲットとしているのは、不安や恐怖、あるいは強欲や有頂天といった人々の心理状態や、他者の売買動向である。

「他人がどう思うか？」あるいは「他人がどう動いているか？」を突き詰めると、ベンジャミン・グレアムの言う人気投票に行きつく。個人が自分の意見を無視し、他人の情報にばかり意識を向けると、何かの変化で一方的な動きがどっと起きる。

このことを「情報のカスケード」という。短期トレーダーからナイアガラと呼ばれる急激な暴落だ。結局、株価は元に戻ってしまうため、短期的な株価の動きは、長期的にはほとんど意味を持たなくなる。

これもVE投資では狙い目といえる。もし、何らかの理由で行き過ぎた下向きの短期変動があれば、そこに本質的価値と株価の乖離を見出すのである。

(3) 市場は変化を過大視するか、もしくは無視する

株式市場は近未来を映す。決して過去ではない。ところが、未来は人々の想像上にしか存在しない。人々の想像には癖があり、すべてを正確に反映することはできない。特に、これまで見たこともないまったく新しい変化が起こった時、市場は極端な反応を示す。世界的なベストセラーである『FACTFULNESS』(ハンス・ロスリング他)によると、瞬時に物事を判断する本能に加えて、ドラマチックな物語を求める本能が「ドラマチックすぎる世界の見方」を生んでいるそうだ。「ドラマチックすぎる世界の見方」くらい、市場の反応を適切に言い表す言葉はない。昨日まで不人気の冴えない株が、たまたま、新技術なのか、新潮流なのか、とにかく、人々の注目を集める新たな変化の対象となった時、市場はドラマチックす

ぎる筋書きを用意し、株価も連続でストップ高になるなど、ドラマチックすぎる反応を見せる。

しかし当然、企業の業績はそのように極端に好転するものでもなければ、不確実性も多分にはらむため、話題性が失われるとともに株価も下がる運命にある。情報のカスケードだ。

一方で、変化の中には、市場はまるで話題にしないが、着実に企業業績にプラスの影響を与えるケースもある。

リーマンショック当時、高速道路やそれに続くバイパスの整備は着々と全国に広がっていた。これに伴って地方を中心に人の動きが大きく変化していたが、株式市場はそれに対してまるで無関心だった。外食店や小売店の勢力図は塗り替えられ、次々と、有望な新興企業株が登場していたにもかかわらず、それらの株価は低迷していた。私はその変化にターゲットを絞り、小売り・外食関連株で、次々と大勝利を収めたのである。

道路整備のように、企業収益に大きな影響を与えるものの、ありきたりで、時間がかかる変化に対しては、株式市場は大した反応を見せない。ドラマチックを求める人々には退屈すぎるのだ。しかし、退屈で着実な変化こそが、VE投資が求める重要な変化なのである。

（4）一時的な業績悪化を市場が過大視する

成長企業の多くは、潜在需要に対して供給が追い付かない。そのため、販売網や生産設備の整備を急ぐ。併せて、広告宣伝費や人員確保など、様々な先行費用が必要となる。その結果、売上は順調なのに、先行費用がかさんで利益はむしろ悪化することがある。

しかし、だからといって本質的価値も伸びていないと判断してはいけない。むしろ逆である。翌年以降、それらの先行費用が抑えられ、逆に売り上げがさらに伸びると、大幅増益であなたを喜ばせてくれることになるだろう。もし、そのような株を既に保有しているのなら、大きく下がったタイミングで諦めて売るようなミスを犯してはいけない。逆にまだその株を買っていないなら大チャンスである。

つまり、一口に業績悪化といっても、良い業績悪化と悪い業績悪化があるのだ。このような隠れ成長株を探し出すにはボトムアップで丁寧に探索するしかない。コツは、純利益ベースのＥＰＳと株価を比較するだけではなく、売上の変化と株価の比較も併せて実施することである。かなり玄人的で、財務会計やビジネスモデルにも精通する必要はあるが、相場が成熟し、なかなか良い銘柄が見つからなくなった時には、このアプローチを思い出してほしい。

（5）相場操縦的な歪みが生じる

業績は絶好調で、先々も明るいのに株価が低迷している時、空売りや買い集めの影が見え隠れすることがある。高値での空売りを成功させたとしても、下落後に利益を確定させるに十分な売りが出てこないと反対売買が完了しない。そこで、それらの一連の動きをＡＩやアルゴリズムによって、超高速でやりきるケースが考えられる。また、将来性のある銘柄が低迷している時、資金力のある投資家が同様の手口で株価を抑え込みながら買い集めする可能性もあるだろう。

念のため断っておくが、相場操縦は違法である。しかし、相場操縦と通常の売買の境界線は例によってかなり曖昧である。意図して相場をコントロールしているのか、普通に売買しているだけなのか、それを見分けるのは市場取引をウォッチしている証券取引等監視委員会にとっても、かなり難しいはずだ。

特にAIやアルゴリズムを使って超高速に売買を繰り返されると、何が何だかわからなくなる。ゆっくりやれば捕まるが、素早くやれば捕まらないというのでは、法秩序は崩壊する恐れがあるが、今、まさにそんな無秩序が発生している可能性があるのだ。そのうち分析ツールか何かができて監視が強化されるかもしれないが、現時点では野放しのように見える。

過去にも相場操縦的な取引が野放しの時期があり、ひどい株価の動きに呆れたことがあったが、私でも目に余るようなものはさすがに姿を消した。当時は相場操縦ものんびりしていたのだ。

もっとも、そんな怪しげな動きが長く続くと業績と株価の乖離は次第にはっきりしてくる。そこを狙うのである。短期トレーダーにとっては、資金力にモノを言わせ、高速売買で株価を意図的に抑え込むような動きはうっとうしい限りだろうが、時間軸を3～5年単位に設定している長期投資家にとってはこんなありがたい話はない。彼らの頑張りを利用して、じっくりと買い集めればよいのである。どんなしつこい相場操縦も3年も5年も続くことはないだろう。

(6) 株価トレンドは行き過ぎる

もう1つ、業績を無視した考え方を確認しておこう。モメンタム投資の根幹的な考え方である「一度トレンドが発生したら、それは長く続く」という誤った見方を利用するのである。

モメンタム投資家の多くはテクニカルツールやチャートを利用し、心理的な上げ過ぎや下げ過ぎをとがめながら、上昇トレンドや下降トレンドを追随する。確かに企業の成長や低迷はかなり長期的なトレンドを生むため、株価がそれに追随するという彼らの考え方は一理ある。

しかし、株価の上昇トレンドや下降トレンドは大抵の場合、業績の変化よりもはるかに急激だ。そのため、彼らが淡々とトレンドを追随した結果、割高にせよ、割安にせよ、とんでもない水準まで、乖離を生じさせてしまうことがある。既に業績は回復に向かっていても、「この株は下降トレンドだから」という理由だけで、さらに下げ続けることもある。

同様に横ばいのトレンドも長続きする。業績は絶好調なのに、「この銘柄は横ばいトレンドだから」という理由だけで、上がろうとする株を抑え込むように売買を繰り返してくれる。

このような状況は、VE投資法においては大変なチャンスだ。行き過ぎた下降トレンドや横ばいトレンドと業績改善の組み合わせ、つまり、「❷EPS↑株価↓」「❸EPS↑株価→」を狙えばよいのである。

(7) 流動性リスクが株価を押し下げる

株式投資には様々なリスクがある。一般的には価格変動リスク(株価が下がって損をする)と信用リスク(投資先が倒産するリスク)に大別される。しかし、もう1つ、流動性リスクと呼ばれる、売りたい時に売れないリスクが存在し、多くの投資家が評価を下げる。

前の2つと後者の違いは、投資先の経営に起因したリスクか、投資先の経営に無関係のリスクかという違いがある。どれほど経営が順調でも、出来高が少なく、売りたい時に売れない株はリスクが高い。だからその分、割安に評価すべきだという考え方だ。

このリスクは日本を代表するような大型株では問題にならず、小型株で顕著である。ところが、既に成長しきった大型株の多くは成長性が乏しく、まだまだ先が見込める小型株の中にこそ、大型株では考えられないような成長性を秘めたものがある。つまり成長性を重視したVE投資にとっては、投資対象になりにくい大型株が割高に放置され、狙いの小型株に限って割安に買えるという、ありがたい秩序なのだ。

あなたの資金力が小さいうちは大した問題にはならないだろう。気にせず小型株を狙っていこう。次第に儲かって資金力がついてきたら、あえて流動性リスクを取って勝負しよう。やや売買にはテクニックが必要になるが、それまで付き合ってきた間にずいぶん小型株の特徴を理解しているはずだ。私の経験で恐縮だが、投資額が1億円を過ぎるくらいまでなら、5～10銘柄に分散することで、おそらく何とかなるだろう。

さすがに資金力がそれ以上になってくると、5～10銘柄に分散しても1銘柄当たりの投資額が数千万円以上になってくる。こうなると、時価総額30億円みたいな小型株はさすがにしんどい。あなたは会社四季報に名前を載せる大株主にはなるかもしれないが、上がるも下がるも会社と運命を共にするしかなくなるだろう。
もっとも、そんな心配は大金持ちになってからすればよい。

以上7つのパターンを説明したが、これ以外にも、苦しんでいる時のソニーに対して市場が持ったような大いなる偏見、ウィルグループのような株式公開直後の需給バランスの崩れや情報不足、さらには株主優待による歪みなど、個別に見ていくと、いろいろ面白い現象を発見することができるだろう。

VE投資法では、「市場は正しい」という観点からではなく、「市場は間違う」という観点から攻めるのである。

図表6-1

バリュー原理：「市場は間違う」という観点で攻める

(1) 株価は連動する。業績は連動しない
→個別株の違いを無視する投資家の売りで生じる「鋭く深い谷」はチャンス

(2) 本質的価値と人気の不一致
→短期トレーダーが引き起こす行き過ぎた下向きの短期変動があれば、そこに本質的価値と株価の乖離を見出す

(3) 市場は変化を過大視するか、もしくは無視する
→市場はドラマチックすぎる筋書きを用意するが、退屈で着実な変化こそが、VE投資が求める重要な変化である

(4) 一時的な業績悪化を市場が過大視する
→一口に業績悪化といっても、良い業績悪化と悪い業績悪化がある

(5) 相場操縦的な歪みが生じる
→しつこい相場操縦も3年も5年も続くことはない

(6) 株価トレンドは行き過ぎる
→「下降」「横ばい」などのトレンドがとんでもない水準まで乖離を生じさせることがあり、VE投資のチャンスとなる

(7) 流動性リスクが株価を押し下げる
→流動性リスクをあえて取る

第7章

セレンディピティに恵まれるために

株式投資はきのこ狩りと同じ

大学生の頃、きのこに詳しい社会人の先輩に連れられて、10人ほどのグループできのこ狩りに行ったことがある。ワイワイガヤガヤ、ピクニック気分で山に入ったものの、最初の1時間ほどはほとんど収穫らしい収穫がなかった。まったく素人の私は、見つけたきのこを先輩に確認してもらうのだが、「これは食べられないきのこだな」といった悲しい返事ばかりである。

「いったい、どういうところにきのこが生えているのか?」。仮にきのこを見つけたとして、「どれがおいしいきのこで、どれが毒きのこか」。それすらもわからない。唯一のたのみが社会人の先輩1人という状況だ。今日は無理かもな…。そんな気持ちになる。

それでも2時間ほど歩き回った頃だったろうか、ようやく後輩がおいしいきのこを見つけてきた。「へぇー、これ、食えるんだ…」。そう思いながら、周りを探してみると、出てくるわ。出てくるわ。「あったー!!」「いっぱいあるぞ!!」。あちらこちらで、歓声が沸き起こる。

今まであんなに難しかったのに、その周辺には同じ種類のきのこが群生しており、これをきっかけに何かコツをつかんだのか、次第にそれ以外のきのこも見つけられるようになった。籠いっぱいにきのこを持ち帰り、その晩は、みんなできのこ鍋をして一杯やったわけだが、忘れられない楽しい思い出となった。

株式投資はきのこ狩りに似ている。

①「きのこを採りに行こう」と決意しない限り、きのこは手に入らない。
②おいしいきのこと毒きのこの違いを見分けられる、しっかりとした選択眼が必要である。
③時期や場所などいくつかの条件がそろわないと、きのこは生えない。
④仮にきのこがそこにあっても、探し方が悪いと、見つけられない。

以上の4つを株式投資に置き換えると、

①株式投資を始める決意をしない限り、大儲けはできない。
②有望株を見つけられる、しっかりとした選択眼を養う必要がある。
③いくつかの条件がそろわないと、大化け株は生まれない。
④仮に大化け株が目の前にあっても、普段から意識を向けていないと、見過ごしてしまう。

私は、これまで、毎年のように2倍、3倍となる大化け株を見つけてきた。ただその頻度は低い。通常時、「これは!!」と思える本物の割安成長株を見つけられるのは、せいぜい、年に1つか2つといったところだ。ボトムアップ・アプローチで丹念に調べても、その程度である。

ただし、これは私目線で調べるからであって、市場には他に大化け株がないわけではない。無数の大化け株を気づきもせずに取り逃がしている。

あなたも、山にあるすべてのきのこを採る必要はない。あなた目線であなたが歩ける範囲で探索し、その晩、一杯やるに十分な数だけ手に入れればよいのだ。5〜

10銘柄を3〜5年保有し続ける前提なら、それで十分である。

一方、リーマンショックや、コロナショックのような暴落局面は、おいしいきのこのラッシュと言える。普段なら、高くて手が出せなかった有望株を驚きの価格で買える。少々忙しいが、数多くの有望株の中から、トップダウン・アプローチで次の変化を捉えられるだろう成長株に絞り込んで、思い切って買い向かう。総悲観の中、論理と経験と感性をフル動員させて、大勝負するのである。私は、こんなことの繰り返しで、幸い、何とか財産を増やすことができた。

偶然を重ねる努力

株で成功した人を見て、「ただ偶然が重なっただけだ」と言う人がいる。まったくもってその通りだ。私もその偶然が重なった1人である。しかし、そんな偶然を重ねる努力は十分にやってきたつもりだ。

もし、株式口座を開いていてもいなければ、この偶然は絶対にやってこなかった。もし、どういう株がよく上がり、どういう株がそうでもないのかということについて、何の知識も持っていなければ、仮に目の前に有望株があったとしても、それが何なのか理解できなかっただろう。

ただ、ぼーっと日々を暮らすのではなく、「もしかしたら、投資のチャンスが転がっているのではないか？」という前提で、身の回りの変化に対して、常にアンテナを立てていなければ、素晴らしい偶然がやってきたとしても、それが素晴らしい偶然かどうか気づかずに見過ごしていたはずだ。

このような偶然の幸運、あるいは偶然の幸運を手に入れる力を「セレンディピティ」という。確かに私はわらしべ長者のようにセレンディピティに恵まれた。それは偶然には違いないが、必然のような部分もある。おそらくその境界はあいまいだ。

「幸運の女神を受け入れるための7つのポイント」

まずはセレンディピティを受け入れる準備を始めることが重要である。つまり、口座を開き、成長株を探し始めるのである。スタートしない限り、幸運の女神は微笑まない。

(1)とにかく株を始める

とにかく株を始めること。これが、セレンディピティを起こす第一のポイントである。良い株に恵まれれば、あなたはお金持ちになれるだろう。悪い株に恵まれれば、あなたは投資ノウハウを蓄積できるだろう。もし、社会でビジネスを実践している会社員の方なら、仮に株式市場からはセレンディピティがもたらされなくても、会計や投資、ビジネスモデルに関する生きた知識が豊富となり、仕事の面でセレンディピティが発生するかもしれない。損をするかもしれないというマイナスにばかり目を向けるのではなく、株式投資をすることによって得られる様々なプラスの面を日本人はもっと意識すべきだ。

幸運はある日突然やってくる。この本を読んで、「さぁ、割安成長株を探すぞ‼」と張り切ってみても、初めから大化け株をつかむのは難しいだろう。私のきのこ狩りと同じだ。最初は練習くらいに思って、少額で良いので、経験を積むことが重要である。いくつかの小さな成功と小さな失敗を重ねながら、少しずつ、株式市場の不可解な動きに慣れてもらいたい。

「短期的には人気投票であり、長期的には価値を評価する仕組み」とはどういうことか？　安く買って高く売れば儲かるのに、なぜ、人はその逆をやってしまうのか？　実際に株をやればすぐに実感がわくだろう。

こうやって、少しずつセレンディピティを受け入れる体制を整えていくのである。そんな努力を続けていると、ふと気がつくと、眼前にセレンディピティが立っていたりする。

（2）身近すぎて気づかない変化に気づく力をつける

図表7－1は米アップル社の長期チャートである。あなたはいつiPhoneを買っただろう。その時、この製品は時代を変えると感じなかっただろうか？

あなたはビジネスパーソンとして、業界内の変化を見続けてきただろう。そんな中、この10年ほどの間に業界秩序を破壊し、新たな価値を提供して急成長してきた企業が1社や2社はなかっただろうか？　その時、社内でも話題になった、その嫌な敵の株を買うという発想があれば、そこにセレンディピティが生まれなかっただろうか？

2つ目のポイントはこれである。あまりに身近すぎて気づかない変化に気づく力。これを身に付けることができれば、それだけでも、ずいぶん、セレンディピティの発生確率は高まるはずだ。この能力を高めるためには、とにかく、仕事や生活の変化を投資に結びつける習慣を身に付けることである。

「あれ？　新商品が出てる。これって、もしかして売れるんじゃね？」「ねぇねぇ、知ってる？　このアプリ面白いよ」「最近出てきたA社のB社長が業界秩序を荒らして困る。何か対策を取らないと…」「こちらのサービスを使っていただきますと、

図表7-1　アップルの株価推移

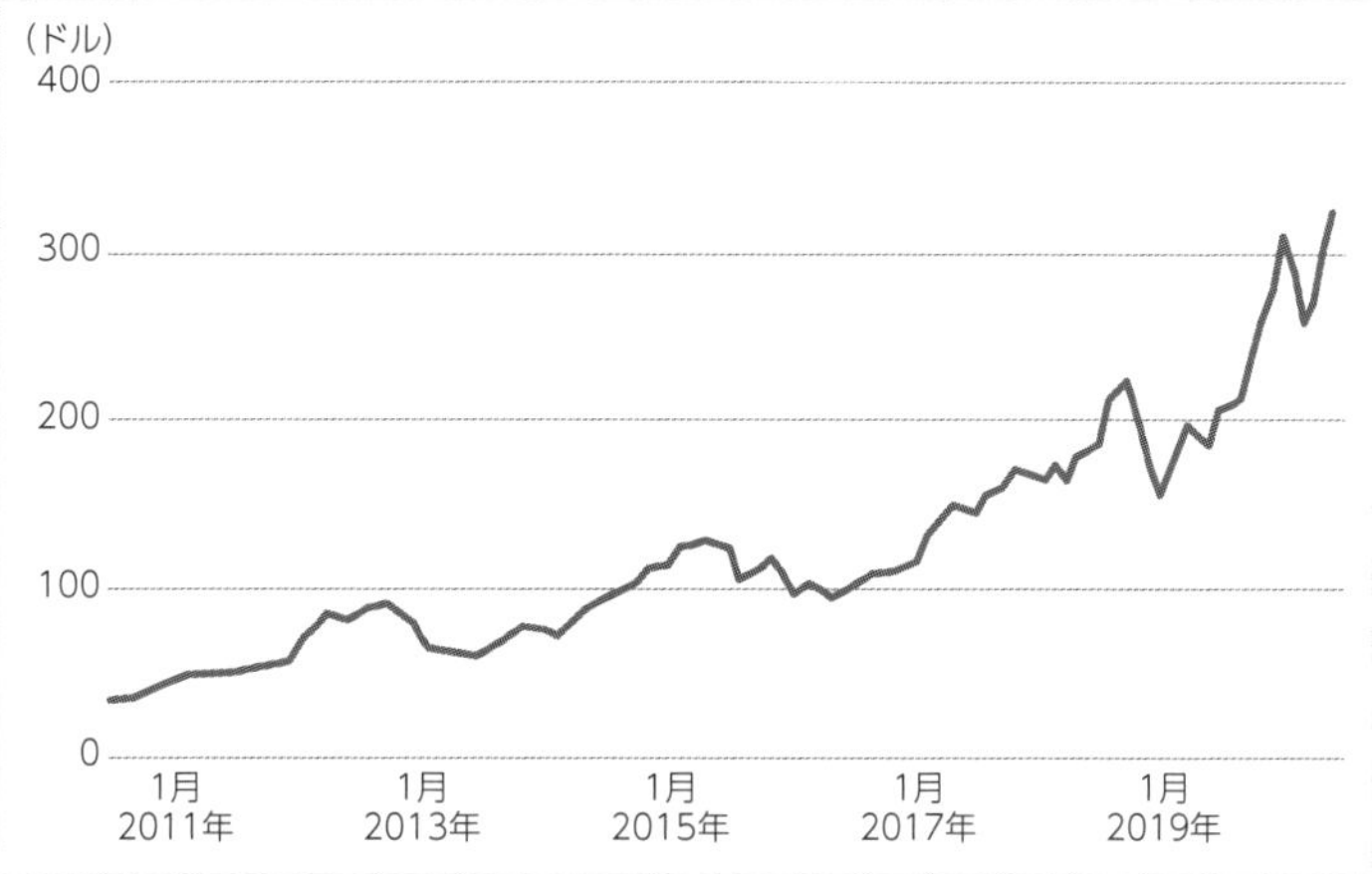

あなたは初めてiPhoneを買った時、この製品は時代を変えると感じなかっただろうか?あなたの会社の業界秩序を破壊し、新たな価値を提供して急成長してきた企業が1社や2社はなかっただろうか? その時、社内でも話題になった、その嫌な敵の株を買うという発想があれば、そこにセレンディピティが生まれなかっただろうか?

あまりに身近すぎて気づかない変化に気づく力。これを身に付けることができれば、それだけでも、ずいぶん、セレンディピティの発生確率は高まるはずだ。この能力を高めるためには、とにかく、仕事や生活の変化を投資に結びつける習慣を身に付けることである。

これまでの半分のコストで2倍のメリットが手に入ります!!」。この手の身の回りの何気ない情報こそが、VE投資法でいう特有情報となるのである。

おそらく、この努力もすぐには実を結ばないだろう。調べたときは時既に遅しで、ずいぶん株価は上がっているかもしれない。あるいは、まだその企業は上場していないかもしれない。しかし、これを続けるのである。

既にずいぶん上がっていたとしても、本物なら、まだまだ上がる。「④EPS↑↑株価↑」だ。もし、その企業は上場していなくても、似たような仕事をしている上場企業があるかもしれない。その周辺にチャンスがある。

わずかな変化をちゃんと調べる努力が重要なのである。セレンディピティはそのような努力の最中に、まったく思いもしなかった別な角度から微笑みかけてくる。「あれ？ もしかして、この会社のことか？」。こんな感じである。

(3) 変なクセを捨てる

3つ目のポイントは変なクセを捨てること。おそらく、あなたは、この本以外にも様々な株の本を読んだり、ネットで投資のコツのようなものを勉強したりしてきたことだろう。ところが、ここに大きな落とし穴がある。実は投資法によって見るべきポイントや戦略が大きく異なるために、それらを融合してしまうと大混乱のもとになってしまうのだ。

例えば、短期トレードのノウハウは長期投資においては何ら役に立たないどころか、害悪をもたらす。短期トレードでは、10％下がったら理由は何であれ損切りすべきである、といったストップロスルールを叩き込まれる。

しかし、アップルのチャートを見てもわかるように、高値から10％下がるたびに売却していたら、いったい何度この株を手放すことになっただろう。「いや、10％下がったら売って、底値で買い戻せばいいじゃん」と反論する短期トレーダーも多いだろうが、その10％下がった時こそが底値だったりする。良い株に限って、何度も何度も損切りさせられ、お宝株を売らせるような不思議な動きをするものなのだ。

損切りだけではない。出来高に対する評価も真逆だ。我々、長期投資家は出来高が少ない不人気株を好む。人気がないから安く買えるのである。ところが、短期トレーダーはそのような株には見向きもしない。出来高が一定程度存在しないと勝負の前提が整わないからだ。

それ以外にも、必要とする能力も見るべきポイントも、驚くほどあべこべなのである。あべこべなのにそのクセが残っているために、長期投資がうまくいかない。あるいは逆に長期投資のクセが短期トレードでは失敗の原因となる。そういうものだということを頭に叩き込んでもらいたい。

同様にインデックス投資と個別株投資も同一視してはいけない。同じ長期投資だから同じ戦法が通用するというわけではないのだ。

VE投資をするのであれば、第4章で説明したVE投資の5原則を守ってほしい。資金力や立場（専業か、兼業か、プロか）によって、銘柄数や投資期間などで、少々の応用は許される。しかし、基本戦略がまったく異なる他の投資法は使ってはいけないと思ってほしい。あまりに複雑に考えすぎるとセレンディピティからは遠ざかる。

(4) 自分の頭で考える

4つ目のポイントは、自分の頭で考えること。これは、多くのバリュー投資家が教えてくれる重要なポイントと言える。

もちろん、これだけ幅広く情報共有が進んだ時代に、他人の考えをまったく参考にするなどという話ではない。ＳＮＳや投資サイト、株雑誌などの情報から、思わぬ有効情報を手に入れられる可能性も十分にある。

ただし、それは情報ソースの１つであって、そのような情報にまるまるあなたの資金を委ねるような行為は避けなければならない。ウラを取り、ＶＥ投資一覧表に沿って、あなたなりの投資ストーリーを再構築し、他とも比べて、それでも買いと判断できるなら、買えば良い。ＳＮＳの噂を見て、一呼吸も置くことなく、一連の動作でスマホから買いを入れるような俊敏性は必要ない。多くの個人投資家はこれで失敗する。

ひょっとしたら一度や二度はその方法でうまく勝てるかもしれないが、いつか痛い目にあうことになるだろう。セレンディピティと同時に、それ以上に大きな不運を呼び込む努力といえるだろう。幸運だけを拾い、不運を遠ざけるためには、結局のところ、自分自身を磨くしか方法はないのである。

（5）余裕資金で投資する

５つ目のポイントは、余裕資金で投資すること。

不運を呼び込む努力といえば、心配なのは資金の出どころだ。１年後に必要な子供の学資で株をやるような行為もセレンディピティから嫌われる。どれほど素晴らしい銘柄を見つけたとしても、相場環境によっては、１年以上下落し続けることは十分に起こり得る。そういう変なことが起こるからＶＥ投資が成り立つのである。その大前提に沿って資金を投入しなければならない。

同様に信用取引（株を担保に証券会社から資金を借りて投資すること）も、基本的には避けるべきである。３～５年も借金を続けると金利もバカにならないし、最悪の展開だと株価が半値になるということも常に想定しておかなければならない。どれだけ有望株であったとしてもだ。もし、信用取引で元本の２倍の投資をしていたら、新型コロナウイルスで暴落した3月に、あなたはゲームオーバーとなっていただろう。

余裕資金で株を買う。これが大前提といえる。考えられる最悪の展開となったとしても、長期的な生活水準に支障のない範囲で投資をしなければいけない。

(6)視野を広く持つ

6つ目のポイントは視野を広く持つことである。

損を取り返そうと焦っている人のところにセレンディピティは訪れない。セレンディピティの対義語にゼンブラニティというのがある。決まりきったことしか見つけられない能力のことだ。焦ってくると、視界が狭くなり、前回失敗したのと同じ方法で、再び失敗を繰り返す。株でそれをやったら、あっという間に財産をなくす。30%の損を3回繰り返したら、財産は3分の1に減少する。

一度成功してしまうと、それと同じパターンで大儲けを目論む個人投資家は多いが、それはゼンブラニティを招く。そんなチャンスはそうそう訪れるものでもないし、一見、同じように見えても、株の場合は、何もかも同じなどということはあり得ない。そのわずかな違いが原因で、株価はまったく逆の動きをすることだってある。

セレンディピティを発生させるためには、成功パターン自体を増やす努力が必要だ。私の経験で恐縮だが、私はハイテクやＩＴ関連株が苦手だった。文系の悲しい性である。少々勉強しても何が何だかわからないのである。それで専ら小売店や外食、顧客サービスといった理解しやすい企業にばかり投資していた。

しかし、このご時世にネットやＡＩといったＩＴ関連株から逃げていたら、さすがに大きなチャンスを逃してしまうと思い、腹を決めて、少しずつＩＴ関連株を買いながら、それらの企業の特徴を理解することにした。初めは要領を得なかったが、次第に、コムチュア（３倍高）、ソニー（２倍高）、ＪＢＣＣホールディングス（２・５倍高）、ＭＣＪ（２０２０年６月19日現在、約１・４倍高）などと、このジャンルでも勝ちを積み上げることができるようになった。今のように変化が激しい時代には、これまで以上に視野を意識的に広げる努力が重要と言える。結果論だが、小売店や外食から離れることができていたので、新型コロナウイルスのダメージは小さく済んだ。

(7) 人の道を守る

最後に、人の道を守ること。

東日本大震災の時、私の知人は日本の未来を悲観し、円が売られると予想。円売りドル買いを大きなレバレッジをかけて積み上げた。ところが、予想に反して、一晩のうちに驚くほど円高が進み、朝、目が覚めてパソコン画面を確認すると、長年コツコツと投資で稼いできた財産がすべて失われていたのである。

当時、私も株が下がってずいぶん含み損が出ていた。しかし、株を売るようなことはしなかった。もちろん、空売りもしなかった。津波で家や家族が流され、明日をもわからない状況で苦しんでいる人がたくさんいる時に、そのどさくさを利用して株で儲けようとは思わなかった。

私たちは、株式投資家である前に人である。儲けることばかりに必死になって、人の道を忘れるようでは、ツキに見放されてしまう。

今回も、新型コロナウイルスが蔓延する中、ここぞとばかりに空売りをしたものの、思わぬ反騰相場にあい、大損をした投資家も多いと聞く。人としてどうだろう？ 世界中がコロナと戦っている時に、コロナ側の陣営に立ち、世界の不幸をカネに変えようとして、しかも大損をする。こんな格好の悪い話があるだろうか？

感謝する気持ちが重要だと思う。多くの人が株で儲けたら、それはすべて自分の実力だと考えがちだ。しかし、少なくとも長期投資の場合は、経営者や従業員のたゆまぬ努力で儲けさせてもらっている。クレームで頭を下げ、大変な思いで現場を動かし、少しでもお客さんに喜んでもらおうと小さな努力を積み上げた結果が、株価の上昇という形になって株主にもたらされるのだ。誰かが大変な苦労をして、あなたを助けてくれたなら、心から感謝するのは、ごくごく当たり前の行為だ。子供でも理解できる人の道と言える。

長期投資においては、プラス思考が重要だ。マイナス思考では3年も5年も同じ株を保有し続けるのは難しい。何か大きな事件があるたびに、不安と恐怖にさいなまれ、そのたびに売らされ、あとで振り返ると、「あの株をずっと持ち続けたら、今頃、大金持ちだった…」ということになる。応援とか、感謝とかといった、人間として良い感情が、プラス思考を後押しする。

株式市場は、あなたに評価者としての目を求める。株主は企業に対して通信簿をつけるような役割を持っているのだ。人々が正しく評価することで、市場は効率的になる。ＶＥ投資はそのような正しい評価を身に付けるためのツールと言える。しかし、その見返りはすべて投資先企業の努力からもたらされる。株式投資で成功するためには、あなたにも努力が求められるが、それ以上に企業の努力によってもたらされているという事実を決して忘れるべきではない。

先日、ある有名小学校の教師と雑談をする機会があったのだが、彼がこうこぼしたのを聞いて、株主も似たようなものだと思った。

「私は、いつも、子供たちに元気になってもらおうと頑張ってきました。けど、新型コロナウイルスの蔓延で子供たちが学校に来なくなって、つくづくわかることがあります。実は私たち教師の方こそ、子供たちから元気をもらっていたんだなって…」。

図表7-2　セレンディピティを受け入れる7つのポイント

(1)　とにかく株を始める

(2)　あまりに当たり前すぎて
　　気づかない変化に気づく

(3)　変なクセを捨てる

(4)　自分の頭で考える

(5)　余裕資金で投資する

(6)　視野を広く持つ

(7)　人の道を守る

あとがき

2020年6月、既に東京都内も緊急事態宣言は解除され、社会は少しずつ日常を取り戻そうとしている。東アジアやヨーロッパでは新型コロナウイルスの猛威もいったんは抑え込まれつつあるように見えるが、各国とも新規感染者数を0に抑え込むことはできず、むしろ、この病気との戦いはかなりの長期戦となることがはっきりしてきた。ブラジルやインドでは感染者が急増し、世界規模での新規感染者数は増加傾向が続いている。日本国内のGDPや企業収益は大きく落ち込み、今後は存続できない企業も増加するだろう。戦後最大の経済危機といっても過言ではない状況である。

ところが、である。なんと、株式市場に関してはこの3か月間、大変な上昇を演じているのである。

日経平均株価は3月19日に1万6358円の底値を付けて以降、大方の予想を大きく裏切って上昇に転じ、6月19日現在、2万2478円と37・4％もの大上昇となっている。1年前とほぼ同じ株価水準である。観光地に大量の外国人があふれ、誰もが2020年の東京オリンピック開催を信じて疑わなかった、あの頃と同じ株価水準なのである。

おかげで、この本を書いている期間中、私の保有株も上がり続けた。私の証券口座は、3月中旬には平均して昨年末比30％マイナスという大きな落ち込みを喰らったのだが、そこからたった3か月間で67％も上昇し、今では昨年末比プラス17％となっている。どうやら今回もVE投資は成功したようだ。

私は2008年7月1日からブログ用の口座を開設し、スタート資金1000万円で実際にVE投資法で資金を運用し、その内容を公開してきた。投資ブロガーの中には全財産の運用成績を公開する方も多くいらっしゃるが、大金の動きを人様にさらして、「今日は300万円儲かった」「昨日は1000万円損した。残念」みたいなブログにしてしまうと、人々の関心がそちらに向きすぎて、肝心の投資手法が伝わらないと考えたのである（数億円単位で運用すると毎日の変動額はそういうレベルになってしまう）。

100万円なら少し頑張って貯蓄すれば誰でも用意できるレベルの資金だし、そこからでも十分お金持ちになれることを実際に証明しようと考えたのだ。

あれから12年。2020年6月19日現在、その口座の運用金額は1760万円を超えている。逆算すると年率平均で27％ずつ勝ち続けたことになる。

年率27％というと、ちょうど3年で資金が倍増するペースだ（株式投資の場合、税金は利益に対して約20％引かれるため、仮に各銘柄を平均で3年間保有したとすれば、実際の株価は年平均で30％以上の上昇が必要となる）。第4章で紹介した、新車の代わりに中古車を買って、浮いた資金でVE投資をスタートし、20数年がかりで1億円稼いだお父さんの話とほぼ同じペースと言える。時間はまだまだかかるかもしれないが、100万円から始めて、金融資産1億円は決して夢物語ではないことを証明したい。

これまでの12年間を振り返ると本当にいろいろあった。2008年のリーマン・ショック、2011年の東日本大震災、2015年のチャイナ・ショック、2018年の米中貿易戦争、そして2020年、新型コロナウイルスの世界的な蔓延。さらにはそれ以外の今では思い出すのも難しい大小様々な急落や暴落を何度も経験した。

株価の急激な下げには毎回驚かされるが、それ以上に、その後の急上昇にも驚かされる。最悪は、急激な下げに驚いて、選び抜いたベストの株式を底値で売却してしまい、その後の大上昇は指をくわえて眺めてしまうことである。最高は、下がり始める前にいったんすべてを売却し、大底で買い戻して大上昇のみを手にすることであろうが、もちろん、そんな神業を自分ならできるという発想は捨てたほうがよい。

私の場合は、VE投資法により、下落した保有株と下落した他の有望株を比較して、有効と判断できた場合には、躊躇なく乗り換えを断行した。売却と同時に購入を繰り返し、相場全体の下落や上昇の影響は甘んじて受けながらも、自分にとって、より納得できるポートフォリオ作りに専念したのである。

利益の出ている保有株を売って、他の上がりそうな株を買うことはできても、下落により含み損の出ている保有株を売って、他の上がりそうな株に乗り換えるのは心理的に難しいという人も多いだろう。

しかし、あなたがその株をいくらで買ったかという事実は、VE投資においては判断の基準にならない。企業の本質的価値と比べて株価が割安かどうか、そして、今後の見通しが明るく、本質的価値が拡大しそうかどうか、という2点だけを判断の基準とすべきなのである。

大きな暴落は変化の前兆といえる。必ず、その前後に新たな成長企業が次々と登場し、時代を変えていく。そして、そんな変化の先頭を行く小型成長株や社運をかけて新たな勝負に挑む業績回復株に限って、厖大な人々の評価の網から抜け落ち、思い込みや勘違いから、驚くほど割安な株価であなたの買いを待っている。あなたはそれを見つけて、ただ買いさえすればよい。

その簡単な理屈を実践に移すための手法がVE投資である。実際に数年やってみて、2~3の成功体験ができれば、おそらく、コツはつかめるだろう。あとはそれを長く慎重に続けるだけである。この本をきっかけに、あなたのもとにもセレンディピティが次々と舞い込み、21世紀のわらしべ長者がもう1人誕生すれば、幸いである。

2020年6月

奥山月仁

奥山月仁（おくやま・つきと、ハンドルネーム）

会社員投資家。高校2年から株式投資を始め、投資歴は約30年。大阪大学経済学部に入学し、故・蝋山昌一教授のゼミで証券理論を学ぶ。卒業後、大手企業の社員として堅実なサラリーマン生活を営むかたわら、ピーター・リンチに倣い、成長株に中長期で投資し、数億円の資産を築く。

2008年5月からは、株式投資の正しい知識を広める目的で、ブログ「エナフンさんの梨の木」の執筆を続ける。同ブログを立ち上げるとともに、自らの投資内容をブログで公開するための口座を資金100万円で新たに開設し、VE投資法での運用を開始。12年後の2020年6月19日現在、その口座の運用金額は1760万円を突破した。年率平均で27％ずつ勝ち続けたことになる。3年で資金が倍増するペースである。

著書に『“普通の人”だから勝てる エナフン流株式投資術』（日経BP）などがある。

“普通の人”でも株で1億円！

エナフン流　VE投資法

2020年9月7日　第1版第1刷発行

著　者　　奥山月仁
発行者　　村上広樹
発　行　　日経BP
発　売　　日経BPマーケティング
〒105-8308　東京都港区虎ノ門4-3-12
https://www.nikkeibp.co.jp/books/
装　丁　　小口翔平+千葉優花子（tobufune）
イラスト　　小林弥生
制　作　　秋本さやか（アーティザンカンパニー）
編　集　　長崎隆司
印刷・製本　　中央精版印刷

本書籍に関するお問い合わせ、ご連絡は下記にて承ります。
https://nkbp.jp/booksQA

ISBN978-4-8222-8898-3